本书由 2022 年度广西工业高质量发展研究中心开放基金项目"广西各市工业高质量发展水平研究"资助出版

广西各市工业高质量发展水平研究

徐 瑞/著

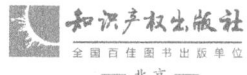

图书在版编目（CIP）数据

广西各市工业高质量发展水平研究／徐瑞著. --北京：知识产权出版社，2025.8.
ISBN 978-7-5130-9874-8
Ⅰ.F427.67
中国国家版本馆 CIP 数据核字第 2025QA0306 号

内容提要

本书在整合国内外相关学术成果的基础上，深入分析了工业高质量发展的本质特征与内涵，构建了一套科学且合理的评价指标体系，用以评估广西工业的高质量发展水平。通过对广西各市工业发展水平的全面评价，本书揭示了影响各市工业高质量发展的主要因素及存在的瓶颈问题。基于此，本书提出了一系列针对性的对策与建议，旨在促进广西各市工业的高质量发展。本书研究成果为广西各地市政府部门在制定发展规划和经济政策时提供了有力的决策支持，对于推动广西工业高质量发展具有重要的促进作用。

本书适合从事工业经济研究的学者、政府部门的决策者，以及企业界的管理人员，也可作为相关专业学生的课外参考资料。

责任编辑：李小娟　　　　　　　责任印制：孙婷婷

广西各市工业高质量发展水平研究
GUANGXI GESHI GONGYE GAOZHILIANG FAZHAN SHUIPING YANJIU

徐　瑞　著

出版发行：	知识产权出版社有限责任公司	网　　址：	http://www.ipph.cn
电　　话：	010-82004826		http://www.laichushu.com
社　　址：	北京市海淀区气象路 50 号院	邮　　编：	100081
责编电话：	010-82000860 转 8531	责编邮箱：	laichushu@cnipr.com
发行电话：	010-82000860 转 8101	发行传真：	010-82000893
印　　刷：	北京中献拓方科技发展有限公司	经　　销：	新华书店、各大网上书店及相关专业书店
开　　本：	720mm×1000mm　1/16	印　　张：	12.25
版　　次：	2025 年 8 月第 1 版	印　　次：	2025 年 8 月第 1 次印刷
字　　数：	207 千字	定　　价：	79.00 元

ISBN 978-7-5130-9874-8

出版权专有　侵权必究
如有印装质量问题，本社负责调换。

前言

在当今全球经济迅猛发展的背景下，追求工业的高质量发展已经成为各国的重要目标。实现工业的高质量发展是通往经济繁荣、社会进步及环境可持续发展的关键路径。自"十三五"规划实施以来，广西始终将推进工业强桂战略作为发展全局的关键任务，将促进工业高质量发展作为经济高质量发展的核心，取得了工业高质量发展的显著成果。然而，广西的工业发展仍面临一些挑战，如增长方式较为粗放、新旧动能转换不够顺畅等。因此，对广西工业高质量发展的现状和问题进行深入的审视与分析显得尤为必要。这不仅对推动广西转变发展观念、实现经济转型升级具有重要的理论价值，而且对于广西全面建成小康社会具有深远的实践意义。

本书主要包括七章内容。第一章对工业高质量发展的相关研究进行回顾；第二章对广西各市工业发展现状进行定性和定量分析；第三章构建了工业高质量发展水平评价指标体系，对广西各市工业高质量发展水平进行综合评价与分析；第四章从各维度和指标出发分析广西各市工业高质量发展现状；第五章探讨广西各市工业高质量发展存在的问题；第六章分析总结浙江省、湖北省和重庆市工业高质量发展的经验；第七章提出促进广西各市工业高质量发展的对策与建议。

本书为 2022 年度广西科技大学广西工业高质量发展研究中心开放基金项目"广西各市工业高质量发展水平研究"的研究成果。

本书的出版得到了广西科技大学经济与管理学院的资助与大力支持，滕法鑫博士为本书的研究提供了宝贵的资料和建议，我在此表示衷心的感谢。感谢广西科技大学经济与管理学院资产评估专业 2022 级硕士研究生韦昱君、刘妍希和谭庆芳在本书撰写过程中提供的支持和帮助。工业高质量发展是一个内容极为丰富的研究领域，涉及的范围非常广泛。由于本人的学识、经验和见解有限，本书难免存在一些局限性和不足之处，恳请各位专家、学者和读者不吝批评和指正。

徐瑞
2024 年 12 月写于广西柳州

目 录 Contents

第一章 关于工业高质量发展的相关研究 / 1

一、国外对高质量发展的认识 / 1

二、国内对高质量发展的认识 / 5

第二章 广西各市工业发展现状 / 9

一、广西工业发展现状 / 9

二、南宁市工业发展现状 / 17

三、柳州市工业发展现状 / 19

四、桂林市工业发展现状 / 22

五、梧州市工业发展现状 / 25

六、北海市工业发展现状 / 27

七、防城港市工业发展现状 / 30

八、钦州市工业发展现状 / 32

九、贵港市工业发展现状 / 34

十、玉林市工业发展现状 / 37

十一、百色市工业发展现状 / 39

十二、贺州市工业发展现状 / 41

十三、河池市工业发展现状 / 44

十四、来宾市工业发展现状 / 46

十五、崇左市工业发展现状 / 48

第三章 广西各市工业高质量发展水平评价与分析 / 53

一、广西各市工业高质量发展评价指标体系构建原则 / 53

二、广西各市工业高质量发展评价指标体系 / 54

三、广西各市工业高质量发展水平综合评价方法 / 57

第四章 广西各市工业高质量发展水平分析 / 61

一、南宁市工业高质量发展水平分析 / 61

二、柳州市工业高质量发展水平分析 / 64

三、桂林市工业高质量发展水平分析 / 66

四、梧州市工业高质量发展水平分析 / 68

五、北海市工业高质量发展水平分析 / 71

六、防城港市工业高质量发展水平分析 / 73

七、钦州市工业高质量发展水平分析 / 76

八、贵港市工业高质量发展水平分析 / 78

九、玉林市工业高质量发展水平分析 / 80

十、百色市工业高质量发展水平分析 / 83

十一、贺州市工业高质量发展水平分析 / 86

十二、河池市工业高质量发展水平分析 / 88

十三、来宾市工业高质量发展水平分析 / 90

十四、崇左市工业高质量发展水平分析 / 93

第五章　广西各市工业高质量发展存在的问题　/ 97

一、工业企业负担较重，经济效益偏低　/ 97

二、工业增长方式粗放，资源能源消耗较高　/ 100

三、新旧动能转换不畅，产业转型升级面临困难　/ 103

四、研发投入不足，创新要素集聚能力不强　/ 105

五、对外开放水平不高，区位优势未得到充分发挥　/ 109

第六章　国内其他省（区、市）工业高质量发展的经验　/ 113

一、浙江省工业高质量发展的经验　/ 113

二、湖北省工业高质量发展的经验　/ 118

三、重庆市工业高质量发展的经验　/ 124

第七章　促进广西各市工业高质量发展的对策和建议　/ 131

一、扎实推进改革创新，加快公共服务提质升级　/ 131

二、加快数智化转型，促进传统产业改造升级　/ 132

三、促进战略性新兴产业发展，加快未来产业布局　/ 135

四、加大科技投入力度，加快科技创新要素集聚　/ 136

五、加大人才引育力度，加快提升科技创新能力　/ 138

六、鼓励外贸新业态新模式发展，提升对外开放合作水平　/ 140

参考文献　/ 143

附　　录　/ 147

第一章
关于工业高质量发展的相关研究

高质量发展是全面建设社会主义现代化国家的首要任务，是对经济社会发展的总要求，是必须长期坚持的要求。党的十九大报告提出："我国经济已由高速增长阶段转向高质量发展阶段，正处在转变发展方式、优化经济结构、转换增长动力的攻关期。"2017 年年底，召开的中央经济工作会议强调，推动高质量发展是当前和今后一个时期确定发展思路、制定经济政策、实施宏观调控的根本要求，必须加快形成推动高质量发展的指标体系、政策体系、标准体系、统计体系、绩效评价和政绩考核体系，创建并完善制度环境，推动我国经济在实现高质量发展上不断取得新进展。❶

一、国外对高质量发展的认识

在过去的几十年，虽然许多发展中国家经历了强劲的增长，但贫困人口减少较慢、经济发展不平等程度增加和失业人数居高不下等问题仍然没有得到较

---

❶ 贯彻新发展理念 推动高质量发展［EB/OL］.（2018-01-31）［2025-05-15］. http://www.qstheory.cn/dukan/qs/2018-01-31/c_1122337619.htm.

好的解决。21世纪以来，各国的学术界和政策制定者开始反思过去的经济增长和发展方式是否应该进行调整和改善。"增长质量"逐渐成为学术界的热门话题，但学术界还没有形成较为一致的观点。

（一）经济增长

国外关于经济发展的研究集中在影响经济增长的要素上，早在18世纪到19世纪初期，经济学家就提出了一系列的经济增长理论和观点。亚当·斯密和大卫·李嘉图是古典经济学派的代表人物，他们认为，经济增长的主要驱动力是劳动力和资本的积累，通过投资和储蓄资本积累可以增加生产率和产出，劳动力的增加也会促进经济增长。

法国经济学家弗朗索瓦·佩鲁（François Perroux）在20世纪50年代提出了非均衡区域发展理论（也称为增长极理论），认为经济增长和发展在某些特定的地区或城市集中，而其他地区则相对贫困和落后。经济增长不是均匀分布的，在特定地区形成增长极，这些增长极需具备一定的基础条件，包括良好的基础设施、人力资源、市场规模和创新能力等。这些条件使这些地区吸引了大量的投资和人力资源，从而促进经济增长。

英国经济学家罗伊·哈罗德（Roy Harod）和美国经济学家埃弗西·多马（Evsey Domar）于20世纪40年代创造性地将凯恩斯的收入决定理论加以动态化和长期化，提出了哈罗德-多马模型。该模型突出了投资、储蓄和资本积累对经济增长的作用，认为经济增长路径是不稳定的，并强调了经济政策在维持稳定增长中的重要性。

20世纪50年代，美国经济学家罗伯特·索洛（Robert Solow）和英国经济学家特雷弗·斯旺（Trevor Swan）对经济增长和生产要素的作用进行了深入研究，认识到随着时间推移，资本积累对经济增长的贡献逐渐减弱，经济增长的根本动力是技术进步。经济能够处于稳态增长，条件是资本存量不变，此时经济将以人口增长率的速度稳步增长。

20世纪60年代，西奥多·舒尔茨（Theodore Schultz）和加里·贝克尔

(Gary Becker）提出了"人力资本"概念，开辟了关于人类生产能力的崭新思路。该理论认为，人类固有的知识、经验和技能都是一种能够产生价值的资产，对个人进行投资对于一国的发展有着积极的作用。

20世纪80年代中后期，保罗·罗默（Paul Romer）提出了内生增长理论（也称为现代经济增长理论），认为经济增长主要是依靠内生力量而非外力，对人力资本、创新和知识的投资是经济持续增长的重要因素。该理论也关注知识经济的外部效益和溢出效应。该理论主张透过政府措施实现经济的长期成长，如补贴研发或教育和增加创新诱因，提升内生成长模型的经济增长率。新经济增长理论认为，技术进步是经济增长的内生变量，可以通过人力资本投入、劳动分工与专业化来实现升级，这一理论肯定了人力资本在经济发展中的价值。罗伯特·卢卡斯（Robert Lucas）将人力资本划分为两类：一是体力劳动（即一般劳动）；二是脑力劳动（即具有高知识、高技能和经验丰富的人才资本），并指出后者才是经济增长的源泉。

（二）经济发展和增长质量

20世纪80年代，学术界逐渐从经济增长理论转向了经济发展和增长质量的研究，转变的原因主要是对不平等、贫困、环境可持续性等问题的关注及对发展中国家经济的关注。经济发展不仅包括经济的总体增长，还包括更广泛的社会、政治和制度变革。关于增长质量内涵的研究主要是探讨经济增长是否惠及广大群众。

美国学者维诺德·托马斯（Vinod Thomas）在2000年出版了著作《增长的质量》，该书从人力资本、自然资本和改善治理等方面定义经济增长质量。他认为，以往政策偏重物质资本积累，而人力资本及对自然资本的投入也应包括在高质量增长的因素内。他认为，这三方面的投资如果达到平衡，就会增加社会福利。

经济学家丹尼·罗德里克（Dani Rodrik，2000）研究了增长质量问题，他强调"本土知识"的重要性，并认为参与式制度是处理和汇总当地知识最有效的制度。罗伯特·巴罗（Robert Barro，2002）认为，增长质量应该综合考虑预期寿命、生育率、环境条件、收入不平等及政治制度等因素。安东尼特·萨耶（Antoinette Sayeh，2011）研究了撒哈拉沙漠以南非洲地区在近几十年中的增长质量。其研究结果表明，经济增长确实对最贫穷人群的生活水平提高有明显的帮助，越来越多的人从国际贸易和投资中获得收入，该地区的经济增长波动也随之减小，并获得更多的发展机会。马塞洛·马丁内斯（Marcelo Martinez，2013）研究了过去 15 年中撒哈拉沙漠以南非洲地区的经济增长是否达到合意的社会结果。其研究结果表明，撒哈拉沙漠以南非洲地区的经济增长质量确实提高了，但各国的社会发展指标并不均衡。大卫·多拉（David Dolla，2013）等对 118 个国家的 40 年数据进行回归分析，其结果表明经济增长确实使发展中国家的绝对贫困人口数大幅度减少，从世界范围内来说，经济增长没有表现出更大的不平等。这方面研究得出的一般结论是经济增长对低收入群体有明显的帮助作用，发展中国家实现了大幅度的减贫。蒙福特福·姆拉奇拉（Montfort Mlachila，2018）提出了质量目标指数（Quality Gate Inspection，QGI），该指数包括增长的基本面和社会结果，并用 1990—2011 年 90 多个国家的数据计算了指数。研究发现，绝大多数发展中国家的增长质量一直在改善，但趋同率相对较低。增长质量的主要影响因素是政治稳定、公共扶贫支出、宏观经济稳定、金融发展和外国直接投资（Foreign Direct Investment，FDI）等外部因素。

（三）增长质量评价的相关研究

针对增长质量评价的研究主要集中在质量目标指数的相关探讨上，并以此为工具对各国经济增长的质量进行评估。例如，亚洲开发银行构建了包容性增长指数框架（Framework of Inclusive Growth Indicators，FIGI），包括增长与经济机会增加、社会包容（确保公平地获得经济机会）和社会安全网络三个方面，并发布了 2011—2014 年的亚太地区国家（地区）的包容性增长指数。

蒙特福特·姆拉奇拉（2014）认为，质量目标的概念对不同群体有不同意义，他提出了一种质量目标指数，与人类发展指数（Human Development Index，HDI）不同，他构建的质量目标指数包括增长基本面和社会结果两个方面。其中增长基本面包括强度、波动性、部门构成和需求构成四个方面；社会结果包括健康和教育两个方面。关于增长质量评价方面的研究通常都认为，增长质量应包括社会方面，但社会方面涵盖的指标有所不同。

希卡·贾（Shikha Jha，2018）利用亚洲开发银行构建的包容性绿色增长指数（Inclusive Green Growth Index，IGGI）研究了中国经济增长质量问题。该指数包括经济增长、社会公平和环境可持续性三个方面。他利用该指数对部分亚洲国家的包容性绿色增长指数与人均国内生产总值之间的关系进行分析，认为人均国内生产总值超过一定门槛后，每增加一美元其国内生产总值不会在IGGI 上产生太大收益，此时 IGGI 往往会停滞不前。

二、国内对高质量发展的认识

（一）高质量发展的内涵

近几年，国内涌现了不少对高质量发展内涵和动力机制的研究成果，主要分为四类。第一类是以新发展理念——创新、协调、绿色、开放、共享为视角，认为高质量发展应该包括新发展理念，内容涵盖经济、社会等方面。相关研究的学者主要有何立峰（2018）、杨伟民（2018）和刘志彪（2018）。第二类是以经济高质量发展为视角，探讨经济高质量发展应该包括哪些方面，主要涉及增长速度、经济效益、绿色环保、要素供给、产品质量和收入分配等方面。相关研究的学者主要有金碚（2018）、蒲晓晔等（2018）、钞小静等（2011）和张军扩（2019）。第三类是以微观、中观和宏观视角，探讨不同层次高质量发展应该包括的内容。相关研究的学者主要有刘迎秋（2018）和王一鸣（2018）。第四类是以某些产业视角，探讨农业、制造业或工业等产业高质量发展的内涵。相关研究的学者主要有辛岭等（2019）、江小国等（2019）、吴东武等（2021）和郑耀群等（2022）。

上述分类是相对的，有些学者的研究内容存在一定的交叉现象，但这些研究关于增长的终极意义的认识是一致的：以"满足人民日益增长的美好生活需要"为根本目的；以新发展理念为根本理念，创新、协调、绿色、开放、共享缺一不可；以"高质量"为根本要求，既涵盖微观层面的产品和服务，也涵盖宏观层面的结构和效率，既涵盖供给环节，也涵盖分配环节、流通环节和需求环节，既涵盖经济领域，也涵盖其他领域。

（二）工业高质量发展

经济高质量发展的一个重要内容是工业高质量发展，目前对工业高质量发展的研究并不多，现有研究主要集中在其内涵与制造业、数字经济的发展上，但对其内涵尚未明确。高质量发展作为工业高质量发展的理论基础，其研究为进一步探究工业高质量发展的内涵提供了依据。史丹等（2019）指出，工业高质量发展要与其对经济增长的贡献相关联，随着经济的迅速发展，工业发展面临的需求也在不断改变，因此工业高质量发展的内涵仍需进一步挖掘。江小国等（2019）认为，制造业高质量发展要以提高供给体系质量为主攻方向，以技术创新为核心动力，以高端制造、智能制造、优质制造与绿色制造为主要抓手，坚持新发展理念和质量效益原则，促进制造业实现质量变革、效率变革和动力变革。吴东武等（2021）认为，制造业高质量发展的内涵可以是指地区制造业在高质量发展的要求下实现五个维度，即创新、协调、绿色、开放和共享的均衡发展。郑耀群等（2022）认为，工业高质量发展是以提高工业供给体系的质量进而更好地满足人民的美好生活需要为目标，以新发展理念为原则，以实现制造业高端化、智能化、绿色化和服务化发展为途径，促进工业实现质量变革、动力变革与效率变革。

（三）高质量发展水平综合评价

随着对高质量发展研究的逐渐深入，近年来国内有不少学者在测算高质量发展水平时，运用了多种方法，并从不同层面建立了评价指标体系。由于学者对高质量发展的理解存在差异，这些评价指标体系的评价内容差异较大，包含的指标数量差别也较大。

有些研究构建了综合评价指标体系，用来评价国家或某些省、市的高质量发展状况。杨新洪（2017）构建了包含创新、协调、绿色、开放和共享5个方面，共37项指标的社会经济发展评价指标体系。魏敏等（2018）构建了一个包括经济结构优化、创新驱动发展、资源配置高效、市场机制完善、经济增长稳定、区域协调共享、产品服务优质、基础设施完善、生态文明建设和经济成果惠民的10个子系统，共53个测度指标的经济高质量发展水平测度体系，利用熵权TOPSIS法进行测度。李金昌（2019）构建了由经济活力、创新效率、绿色发展、人民生活和社会和谐5个部分，共27项指标构成的高质量发展评价指标体系。徐瑞慧（2019）从经济增长基本面、社会发展和环境保护等方面综合衡量发展质量，构建了一组适用于中国经济发展的质量指标。李子联等（2019）构建了包括创新、协调、绿色、开放和共享5个方面的江苏省高质量发展评价体系，该体系包括研发效率、创新潜力、增长效率和区域协调等39个二级指标。李志洋等（2022）基于新发展理念，运用经济增长速度、创新、绿色发展、发展成果和共享5个指标，构建经济高质量发展评价体系，对我国31个省（区、市）的经济高质量发展水平进行评价，得出中西部地区经济高质量发展水平较差，环境规制对其产生了抑制作用结论。

有些研究构建了综合评价指标体系，对某些产业的高质量发展水平进行评价。江小国等（2019）构建了制造业高质量发展评价指标体系，涵盖经济效益、技术创新、绿色发展、质量品牌、两化融合和高端发展6大类，共12项指标。杜宇等（2020）从创新驱动、绿色转型、协同发展、开放发展和质量效益5个层面，构建了工业高质量发展评价指标体系。吴东武等（2021）从新发展理念出发，构建了一个包含科技创新、供给质量、绿色制造、开放发展和成果共享5个维度，共计12个二级指标、24个三级指标的制造业高质量发展评价指标体系。姚莉（2020）从发展质量、运行效率和创新能力3个方面构建了一个工业经济高质量发展水平评价指标体系，包括工业增加值占全国的比重、工业企业亏损面和资源利用效率等22个指标，并对湖北等省的工业经济高质量发展水平进行了评价。郑耀群等（2022）构建了包含创新发展、绿色发展、品牌建设、生产效益和开放合作 5 个一级指标、12 个二级指标的工业高质量发展评价体系。

通过对我国学者关于高质量发展研究的梳理可以看出,高质量发展已成为研究热点,为我国高质量发展的进一步推进提供了理论依据及方向指引。虽然关于工业高质量发展的研究比较丰富,对其内涵研究比较深刻,为工业高质量的发展提供了理论依据,但是国内学者对于工业高质量发展内涵的认识并未统一,也没有明确定义。

第二章
广西各市工业发展现状

一、广西工业发展现状

"十三五"时期,广西坚持把实施工业强桂战略作为事关发展全局的大事来抓,把推动工业高质量发展作为经济高质量发展的重中之重,工业高质量发展取得显著成效。广西实施龙头企业培育计划,打好"扶、引、育"组合拳,龙头企业的数量增长、规模扩大和带动作用凸显。传统产业优化升级取得实效,重点推进的有色金属、机械、汽车、冶金、石化化工和食品等传统产业智能化升级。大力发展新一代信息技术、新能源汽车、高端装备制造、生物医药、新材料、绿色环保和新能源等战略性新兴产业,产业布局进一步优化。支持各设区(市)发展3~4个主导产业,工业重点县发展1~2个特色优势产业。2022年,广西只有柳州市工业增加值超过1 000亿元,其他城市均低于700亿元,各市差距明显。

"十四五"时期,广西明确提出打造"765"现代产业体系。"7"是指重点做优七大传统产业,即推动制糖、有色金属、机械、汽车、冶金、建材和石化化工传统产业提层次、强实力,推动全产业链优化升级,向高端化、智能化和绿色化转型升级。2025年,七大传统产业产值力争超过1.7万亿元。"6"是指做大六大新兴产业,即培育壮大新一代信息技术产业、新能源汽车产业、高端装备制造业、生物医药产业、新材料产业和绿色环保产业,推动新兴产业快速成长,形成一定规模。2025年,六大新兴产业产值力争达到7 000亿元。"5"是指做实五大特色产业,即推动特色食品、木材加工、现代轻工纺织、茧丝绸和精品碳酸钙等特色产业向规模化、标准化和品牌化发展。到2025年,五大特色产业产值力争超过6 000亿元。

2022年,广西工业各行业规模以上企业的资产、收入和利润情况差异较大,详见表2-1。广西采矿业利润占比高于资产占比和收入占比,但低于全国平均水平。广西制造业收入占比高于资产占比,而利润占比与资产占比差距较小,与全国平均水平比较接近。广西电力、热力、燃气及水生产和供应业收入占比和利润占比明显低于资产占比,但明显好于全国平均水平。

表2-1　2022年广西工业各行业资产、收入和利润情况　　　　单位:%

行业	广西(占比)			全国(占比)		
	资产	收入	利润	资产	收入	利润
采矿业	2.2	1.8	6.8	8.1	5.1	18.6
制造业	74.3	88.5	77.3	75.5	86.4	76.1
电力、热力、燃气及水生产和供应业	23.5	9.7	15.9	16.4	8.5	5.3
合计	**100.0**	**100.0**	**100.0**	**100.0**	**100.0**	**100.0**

注:以上指标统计对象为规模以上企业。

资料来源:广西统计年鉴2023[R].南宁:广西壮族自治区统计局,2023.

(一)广西采矿业发展现状

广西矿产资源具有种类多、储量大的特点,截至2020年,广西全区共发现172种矿产,已探明储量的矿产有132种,其中有88种矿产储量排在全国前10位,稀土、锑、锰、钛、镓、铪、钪、高岭土、膨润土、方解石、熔剂用灰岩、化肥用灰岩和建筑用大理岩等矿产资源储量居全国前三位。广西的矿产资源分布地域差异明显,有色金属矿产优势突出,为广西经济和社会发展提供了有力支撑。

近年来,广西矿业经济稳步发展,资源保障能力不断增强。广西全区采矿业企业营业收入稳步增长,经济效益明显提高。2022年,广西采矿业规模以上企业的营业收入总额为405.6亿元,比2019年增长24.8%;利润总额为60.6亿元,比2019年增长71.7%,详见表2-2。2022年,广西采矿业规模以上企业利润率为10.5%,比2019年增长41.8%。

表2-2　广西采矿业主要经济指标　　　　　　　　　　　单位:亿元

主要经济指标	2019年	2020年	2021年	2022年
资产	539.7	547.0	597.7	579.5
营业收入总额	325.1	295.6	374.4	405.6
利润总额	35.3	28.1	46.7	60.6

注:2018年部分统计口径不一致,所以没有报告。
资料来源:根据2020—2023年的广西统计年鉴数据整理。

基于广西矿产资源分布面积广、差异大的特点,广西全区正在积极促进形成"四区一带"的矿业发展布局:一是桂西资源重点开发区,充分发挥百色市、河池市、崇左市矿产资源优势和生态环境优势。二是北部湾外向资源加工区,充分发挥北海市、钦州市、防城港市面向东盟和沿海沿边的优势,大力发展对外矿业合作。三是贺州—来宾碳酸钙特色发展区,打造两业融合发展、覆盖全产业链的贺州碳酸钙产业基地和生态环保、绿色发展的来宾碳酸钙生产基地。四是桂北资源开发与生态保护协调区,目标是建成非金属矿产业绿色发展示范基地,推进矿产品深加工,提高资源经济效益和环境效益。五是形成西江千里矿业集聚发展带,充分发挥梧州市、玉林市、贵港市、南宁市等沿西江各市承东启西和通往粤港澳的优势,综合开发有色金属和非金属矿产等,加快稀土、金、银、铅、锌、重晶石、高岭土和花岗岩等矿产开发利用。

(二) 广西制造业发展现状

制造业是广西工业振兴的动力引擎,是广西经济高质量发展的"助推器"。广西邻近粤港澳,且面向东南亚,区位优势突出,交通便利,发展制造业潜力较大。但是,目前广西制造业基础相对薄弱,技术创新能力有待提升。2022年,广西制造业规模以上企业营业收入总额为20 000亿元,比2019年增长28.1%。利润总额为690.7亿元,比2019年下降11.9%,详见表2-3。2022年,广西制造业规模以上企业利润率为3.5%,比2019年下降1.6%,经济效益下滑较明显。

表2-3 广西制造业主要经济指标   单位:亿元

主要经济指标	2019年	2020年	2021年	2022年
资产	13 514	15 175	17 296	20 002
营业收入	15 612	15 727	19 978	20 000
利润总额	783.6	844.6	1 201.6	690.7

注:2018年部分统计口径不一致,所以没有报告。
资料来源:根据2020—2023年的广西统计年鉴数据整理。

广西七大传统产业重点发展方向和2025年目标产值详见表2-4。冶金产业重点布局城市为柳州、防城港、梧州、玉林、贵港、北海和贺州,有色金属产业重点布局城市为南宁、百色、来宾、柳州、玉林、防城港和河池等,石化化工产业重点布局城市为钦州、北海、百色和崇左,汽车产业重点布局城市为柳州、南宁、桂林、玉林、钦州和贵港,建材产业重点布局城市为北海、梧州、贺州、来宾、崇左、柳州和玉林,机械产业重点布局城市为柳州、玉林、桂林和南宁,制糖产业重点布局城市为崇左、来宾、柳州和南宁。

表2-4 广西七大传统产业重点发展方向和2025年目标产值   单位:亿元

排名	名称	重点发展方向	目标产值
1	冶金	先进钢铁新材料和不锈钢	4 000
2	有色金属	铝精深加工、铜精深加工和稀有金属精深加工	3 000
3	石化化工	化工新材料、高端精细化工和可降解材料	2 700
4	汽车	乘用车、商用车和改装车	2 500
5	建材	水泥、玻璃、陶瓷和新型装配式建筑材料	2 500

续表

排名	名称	重点发展方向	目标产值
6	机械	工程机械、内燃机、智能电网、仪器仪表和农业机械	2 000
7	制糖	蔗糖精深加工和糖业循环经济	600

资料来源：根据《广西工业和信息化高质量发展"十四五"规划》整理。

广西六大新兴产业重点发展方向和2025年的目标产值详见表2-5。新一代信息技术产业重点布局城市为南宁、北海和桂林，高端装备制造产业重点布局城市为柳州、南宁、钦州、贺州、北海、桂林、防城港和玉林，绿色环保产业重点布局城市为梧州、玉林、百色、南宁和柳州，新能源汽车产业重点布局城市为柳州、南宁、桂林、玉林和贵港，生物医药产业重点布局城市为桂林、南宁、梧州、玉林和防城港，新材料产业重点布局城市为玉林、河池、百色、南宁、柳州、崇左、梧州、贺州、钦州和北海。

表2-5 广西新兴产业重点发展方向及目标产值　　　　　　　　　　单位：亿元

排名	名称	重点发展方向	目标产值
1	新一代信息技术	声学光学、新型显示、智能终端、网络通信设备、软件和信息技术服务业	2 200
2	高端装备制造	轨道交通装备、航空器装备制造、高技术船舶、机器人、海上风电装备、海洋装备和文旅体装备制造	2 000
3	绿色环保	资源综合利用、绿色环保装备和绿色环保服务	1 300
4	新能源汽车	新能源汽车整车和零部件	500
5	生物医药	中药民族药、化学药、生物技术药、医疗器械和生命健康	500
6	新材料	新能源电池材料、稀土新材料、新型合金材料和石墨烯	500

资料来源：根据《广西工业和信息化高质量发展"十四五"规划》整理。

由于广西各市资源禀赋差异较大，制造业布局的地域差异也比较明显。因此，有些城市制造业实力较强，它们的重点产业也是广西发展的重点产业，其他城市工业发展基础较薄弱,没有特别突出的对整个广西制造业影响较大的主导行业。具体而言,南宁、桂林和玉林重点发展电子信息、先进装备制造、生物医药、轻工等产业,柳州主要发展汽车、智能装备制造、轻工等产业,防城港和钦州主要发展石油化工、新材料、装备制造等产业,贺州和来宾主要发展高端碳酸钙、金属新材料、轻工等产业,河池和百色由于矿产资源丰富,重点发展有色金属新材料、轻工等产业。广西各市制造业重点发展产业详见表2-6。

表2-6 广西各市制造业重点发展产业

城市	重点发展产业
南宁	电子信息、先进装备制造、生物医药和轻工产业
柳州	汽车、智能装备制造、轻工产业和先进新材料
桂林	电子信息、先进装备制造、生物医药、医疗器械和先进新材料
梧州	新材料、生物医药、再生资源和轻工产业
北海	先进新材料、化工新材料、电子信息和轻工产业
防城港	金属新材料、生物医药、粮油加工和装备制造
钦州	石油化工、装备制造、电子信息和新能源材料
贵港	汽车及电动车、高端家具家居、新型建材和纺织服装
玉林	先进装备制造、医药食品、先进新材料和现代轻工纺织
百色	新型生态铝、木材精深加工、能源产业和绿色新材料
贺州	高端碳酸钙、金属新材料、轻工产业和电子信息
河池	有色金属新材料、轻工产业、生物医药、化工产业和电子信息
来宾	高端碳酸钙、冶金及金属新材料、高端家具家居和化工新材料
崇左	金属新材料、糖业循环经济、高端家具家居和跨境电子信息

资料来源:根据《广西工业和信息化高质量发展"十四五"规划》整理。

(三)广西电力、热力、燃气及水生产和供应业发展现状

近年来,广西的电力、热力、燃气及水生产和供应业虽有较大进步,但仍存在发展粗放、效率较低的问题,尽管电力、热力、燃气及水生产和供应业已

经投入大量资源，但其经济效益依然低于发达省（区、市）。2022年，电力、热力、燃气及水生产和供应业营业收入总额为2 191亿元，比2019年增长45.7%。利润总额为142.2亿元，比2019年增长35.6%，详见表2-7。2022年，广西电力、热力、燃气及水生产和供应业利润率为2.2%，比2019年下降0.4%。

表2-7　广西电力、热力、燃气及水生产和供应业主要经济指标　　　　　　　　　　　　　　　　单位：亿元

主要经济指标	2019年	2020年	2021年	2022年
资产	3 967	4 988	5 728	6 331
营业收入	1 504	1 624	1 922	2 191
利润总额	104.9	117.8	98.3	142.2

注：2018年部分统计口径不一致，所以没有报告。
资料来源：根据2020—2023年的广西统计年鉴数据整理。

2022年，广西全区累计发电2 022.8亿千瓦时，火力、水力、核能、风力及太阳能发电量分别为1 087.1亿千瓦时、548亿千瓦时、177.6亿千瓦时、179.5亿千瓦时及30.6亿千瓦时，分别占广西全区累计发电量的53.74%、27.09%、8.78%、8.87%及1.51%。

（四）广西工业主要经济指标现状

2011—2022年，广西工业经济增长比较缓慢，工业增加值年平均增长率为4.8%，略超过国内生产总值年平均增长率（8.8%）的一半。由于2018年和2019年生产总值统计方法调整，工业增加值连续两年大幅下降，下降幅度达32.3%。2020年，广西工业增加值出现了小幅下降，随后两年呈现较快上升趋势。2022年，广西工业增加值为6 776亿元，比上年增长11.6%，详见图2-1。

2011—2022年，广西规模以上工业企业利润率整体呈波动下降趋势，工业企业年平均利润率为7.1%。2011—2017年，广西规模以上工业企业利润率明

显高于 2018—2022 年。2018—2022 年，广西规模以上工业企业利润率出现大幅度下滑，2022 年降到最低点 3.4%，详见图 2-2。这表明 2019—2021 年广西规模以上工业企业经营比较困难，增长乏力。

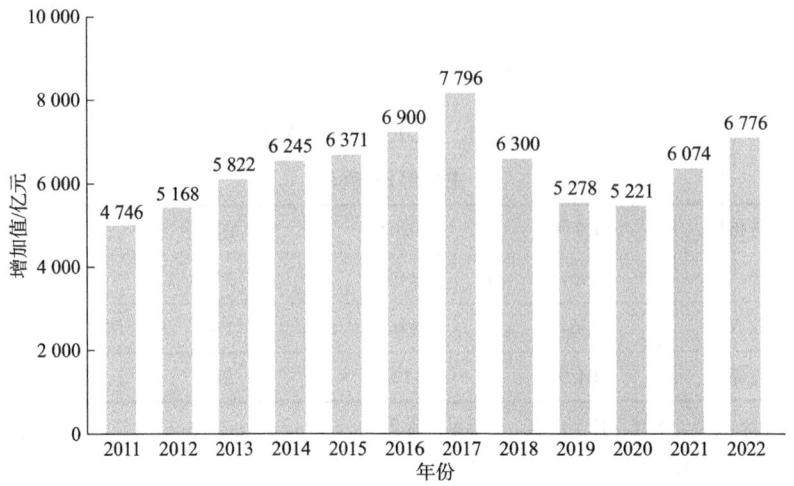

图 2-1　广西工业增加值

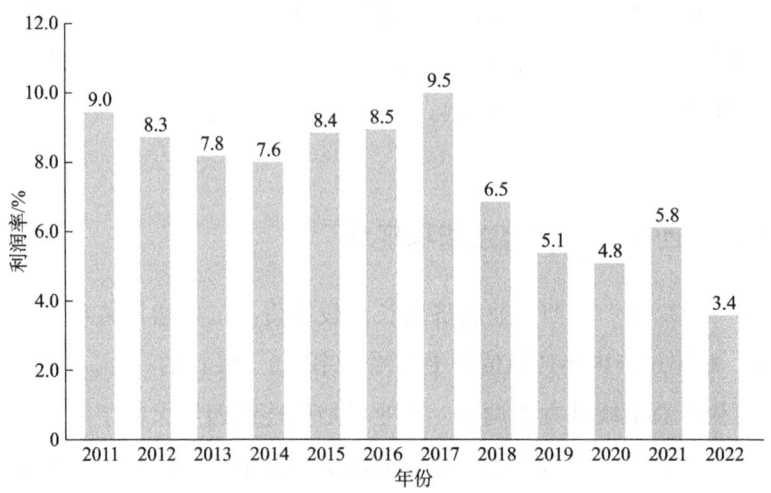

图 2-2　广西规模以上工业企业利润率

自 2011 年以来，广西单位工业增加值能耗平均值为 1.091 吨标准煤/万元；2011—2017 年，呈现逐步下降趋势，在 2017 年达到最低点 0.789 吨标准煤/万元，2020年大幅度上升到1.413吨标准煤/万元，2022年又降到1.230吨标准煤/万元，但仍然明显高于2017年的水平，详见图2-3。

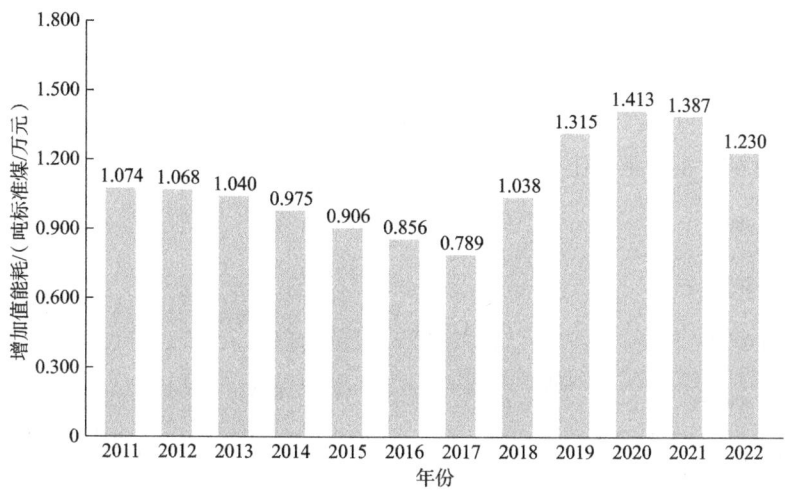

图2-3 广西单位工业增加值能耗

二、南宁市工业发展现状

"十三五"期间，南宁市全面实施"工业强市"战略，工业经济总体保持稳步增长，工业基础不断夯实。坚持做强做大电子信息、先进装备制造、生物医药等重点产业，产业结构持续优化。南宁市加快推动以互联网、大数据、人工智能等为代表的数字经济与实体经济深度融合；制造业高端化、智能化和绿色化步伐加快，新模式新业态不断涌现。南宁市以重大项目建设为抓手，梳理并绘制电子信息、新能源汽车、高端铝等10条重点产业链全景图，开展产业链精准招商，推动电子信息、新能源汽车等战略性新兴产业初步形成。

"十四五"期间，南宁市将深入实施工业强市战略，打造区域性高技术产业和先进制造业基地，发展壮大三大重点产业集群（做大做强电子信息产业集群、提升发展先进装备制造产业集群及培育生物医药产业集群），改造提升五大传统产业（壮大绿色食品产业、推动建材产业绿色发展、推动化工产业精细化发展、推动造纸和林产品加工产业集聚及推进建筑业现代化），加快发展四大新兴产业（推动高端铝加工产业延伸、加快新材料产业发展、加快发展新一代信息技术产业及加快发展节能环保产业）。

由于 2018 年和 2019 年生产总值统计方法调整，南宁市工业增加值连续两年大幅下降，近三年又呈缓慢上升趋势，详见图 2-4。2022 年，南宁市工业增加值为 640.8 亿元，比 2021 年下降 0.62%。

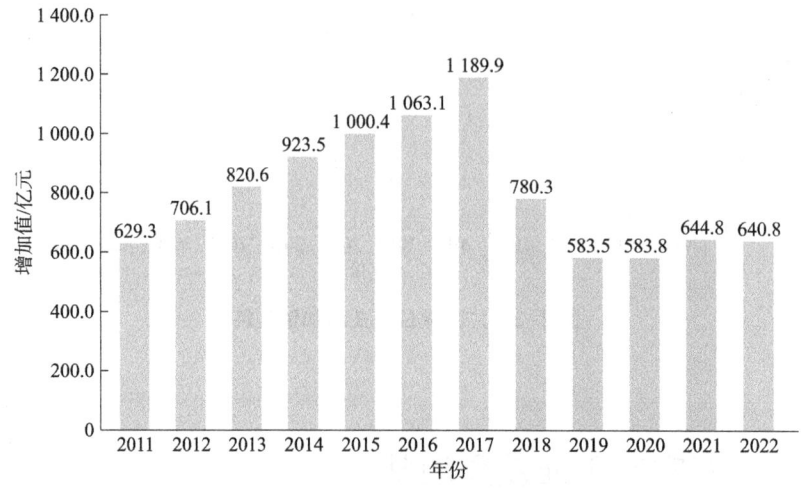

图 2-4　南宁市工业增加值

自 2011 年以来，南宁市规模以上工业企业利润率整体上呈下降趋势，年平均利润率为 7.5%。2011—2017 年的工业企业利润率明显高于之后几年。从 2017 年开始，南宁市规模以上工业企业利润率出现了大幅度下滑，从 2016 年的 9.9% 下降到 2022 年的 2.2%，详见图 2-5。自 2017 年以来，南宁市规模以上工业企业利润率一直低于广西平均水平，2021 年位列广西倒数第 1。这表明南宁市工业经济发展遇到了较大的困难。

2011—2022 年，南宁市单位工业增加值能耗平均值为 0.630 吨标准煤/万元，明显低于广西平均水平 1.091 吨标准煤/万元。具体分析 2012—2017 年，南宁市单位工业增加值能耗平均值呈现逐步下降的趋势，2017 年达到最低点 0.394 吨标准煤/万元，2018 年和 2019 年出现较大幅度反弹，2020—2022 年逐步呈现小幅度下降，详见图 2-6。

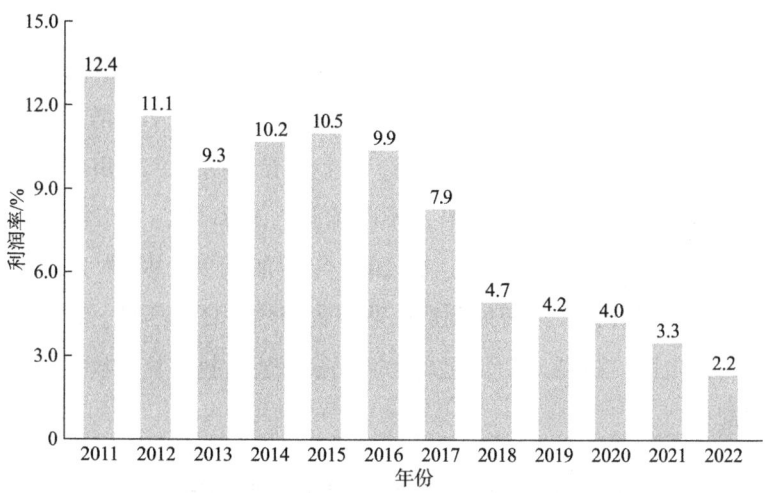

图2-5 南宁市规模以上工业企业利润率

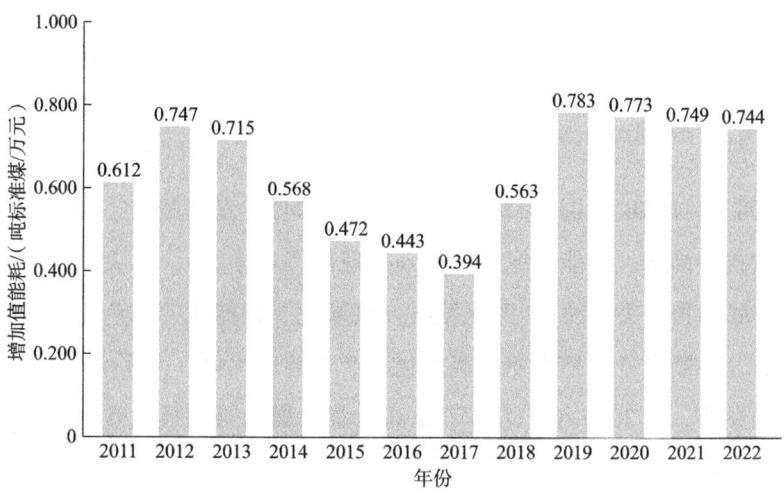

图2-6 南宁市单位工业增加值能耗

三、柳州市工业发展现状

柳州市是广西的工业中心，工业是柳州市的经济命脉和立市之本。柳州市始终把工业发展摆在重要位置。"十三五"以来,柳州市深入实施"实业兴市,开放强柳"战略,工业经济发展由数量规模扩张向质量效益提升转变,实现了工业增加值年均增速高于工业利润总额年均增速,工业增加值年均增速高于工业总产值年均增速,详见表2-8。"十三五"期间,柳州市工业企业加快发展,规模不断扩大,核心竞争力不断增强。2020年,全市规模以上工业企业突破1 000家,达到1 050家,较2015年增加了232家。❶ 广西柳州汽车城发展层次持续提升,广西智能制造产业园集聚效应日益凸显,智能家电、智能交通、智能电网、机器人、装配式建筑、旅游装备制造、大数据等特色产业园蓬勃兴起。

表2-8 "十三五"期间柳州市工业发展情况　　　　单位:亿元

年份指标	2015年	2020年
工业总产值	4 541.3	4 382.1
工业增加值	1 174.9	1 284.7
工业利润总额	92.9	131.8

资料来源:广西柳州市统计局网站(http://lztj.liuzhou.gov.cn/)。

"十四五"时期,柳州市深入推进实施"1342"发展战略,即一个主攻方向(加快构建高端、智能、绿色和高效的现代产业体系),三大动力(创新驱动、产业联动和龙头带动),四化发展(高端化、智能化、绿色化和服务化),两个提升(不断提升"产业基础高级化和产业链现代化"水平),全面推进工业高质量发展。到2025年,力争工业高质量发展取得明显成效,全市工业总量实现持续提升,工业实力显著增强,实现工业强市目标。

"十四五"时期,柳州市将加快传统产业改造升级、培育壮大战略性新兴产业、进一步夯实基础配套产业,构建高端、智能、绿色和高效的现代工业体系;推动5个传统主导产业(汽车产业、钢铁产业、机械产业、化工及日化产业和轻工产业)的转型跨越,促进5个新兴优势产业(高端装备制造业、新

---

❶ 广西柳州市工业和信息化局网站(http://gxj.liuzhou.gov.cn/xwzx/bmdt/202011/t20201111_2257125.shtml?ivk_sa=1024320u)。

一代信息技术产业、节能环保产业、生物医药大健康产业和生产性服务业）的培育壮大；加快提升关键基础材料、核心基础零部件、先进基础工艺和产业基础技术发展水平，强化对产业发展的支撑配套作用。

2018年和2019年，生产总值调整统计方法对柳州市的工业增加值影响不大，降幅不到10%，详见图2-7，优于广西大多数城市。2021—2022年，柳州市工业经济增长乏力，增速明显低于广西大多数城市。

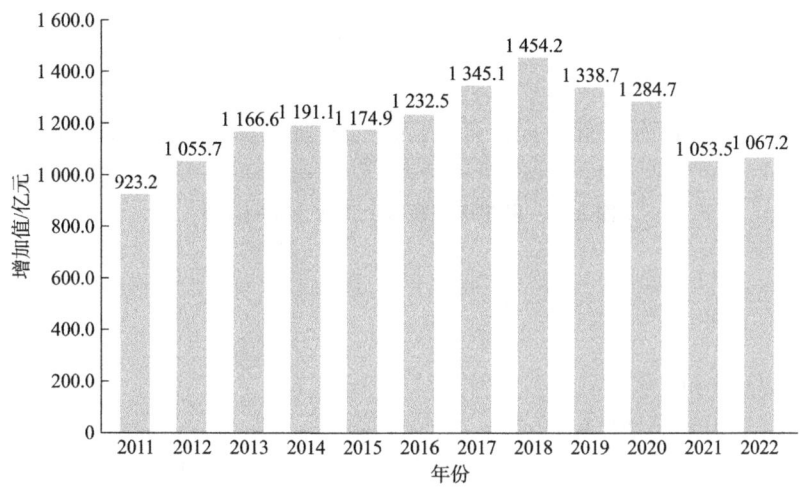

图2-7 柳州市工业增加值

2011—2022年，柳州市规模以上工业企业利润率整体呈波动式变化，这种情况与广西大多数城市不同。2019—2022年，柳州市规模以上工业企业利润率出现大幅度下滑，从2018年的6.7%下降到2022年的0.3%，详见图2-8。2011—2022年，柳州市规模以上工业企业利润率一直低于广西平均值，2022年位列广西倒数第1。

2011—2022年，柳州市单位工业增加值能耗平均值为0.917吨标准煤/万元。具体分析，2011—2017年，柳州市单位工业增加值能耗平均值呈现逐年下降趋势，2018年达到最低点0.764吨标准煤/万元，2021年出现较大幅度反弹，但2022年又出现较大幅度下降，详见图2-9。虽然柳州市是广西的工业中心，但2012—2022年该指标都低于广西平均水平，这说明柳州市在节能和环保方面作出了很大的努力，成效较明显。

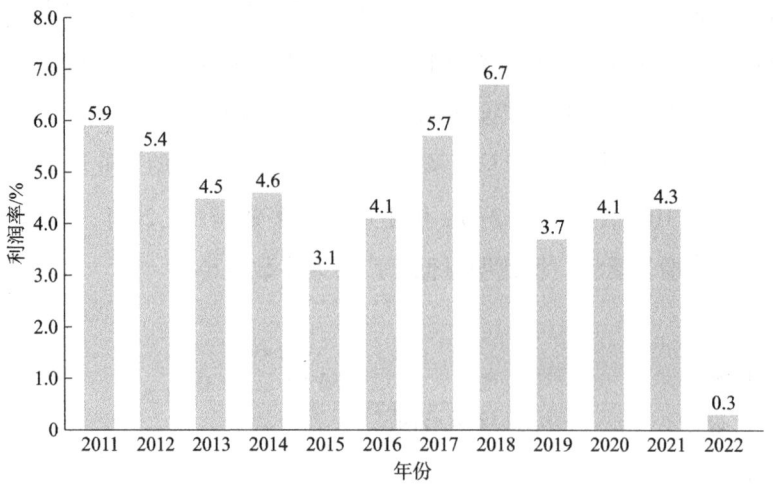

图 2-8　柳州市规模以上工业企业利润率

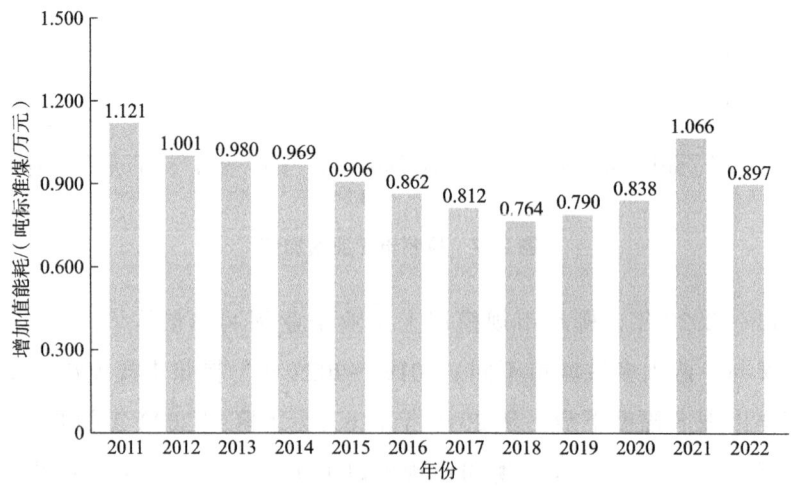

图 2-9　柳州市单位工业增加值能耗

四、桂林市工业发展现状

桂林市是世界著名风景游览城市、全国重要高新技术产业基地、中国老工业基地,以及国务院批复确定的中国对外开放国际旅游城市、全国旅游创新发展先行区和国际旅游综合交通枢纽。"十三五"期间,桂林市工业引擎作用日益凸显,2016—2020年工业增加值年均增速达到2.6%。2020年年底,电子信息、先进装备制造、生物医药和生态食品四大主导产业总产值占全市规模以上工业总产值比重达到50.97%,高新技术产业总产值占全市规模以上工业总产值比重达到18.6%。

"十四五"时期,桂林市将构建"433"的现代产业布局体系,做强、做优四大主导产业(电子信息产业、先进装备制造产业、生物医药及医疗器械产业和生态食品产业),培育壮大三大新兴产业(新一代信息技术产业、新材料产业和新能源产业),改造提升三大特色传统产业(家电家居产业、冶金工业产业和新型建材产业)。"十四五"时期,桂林市进一步明确园区主导产业,鼓励引导产业集聚发展,形成覆盖全市、布局合理和多点支撑的"345"发展新格局。"3"是指市属三大园区:高新区、经济技术开发区和高铁(桂林)广西园。"4"是指四个工业重点县(市):荔浦市、平乐县、全州县和兴安县。"5"是指五个生态功能区(县):灌阳县、恭城瑶族自治县、阳朔县、资源县和龙胜各族自治县。

2017—2019年,生产总值调整统计方法对桂林市的工业增加值影响很大,工业增加值从2017年的750.1亿元降到2019年的285.3亿元,降幅高达61.9%。2020年疫情对桂林市工业经济增长产生了不利影响,工业经济增长缓慢,详见图2-10。

2011—2022年,桂林市规模以上工业企业利润率整体呈快速下降趋势,年平均利润率为9.7%,2011—2016年的利润率明显高于2017—2022年。2017年之前,桂林市规模以上工业企业利润率明显高于广西平均水平,2017年及以后利润率明显低于广西平均水平。2017—2022年出现了大幅度下滑,从2017年的7.4%下降到2022年的3.7%,详见图2-11。

自2011年以来,桂林市单位工业增加值能耗平均值为0.646吨标准煤/万元,明显低于广西平均水平1.091吨标准煤/万元,2011—2016年呈现逐步下降趋势,2016年达到最低点0.399吨标准煤/万元,2018年和2019年出现较大幅度反弹,然后逐步稳定下来,2022年再次下降,详见图2-12。

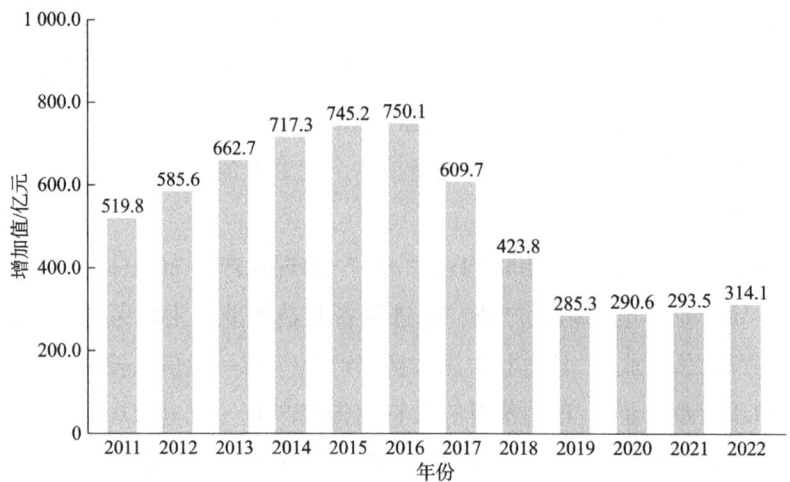

图 2-10 桂林市工业增加值

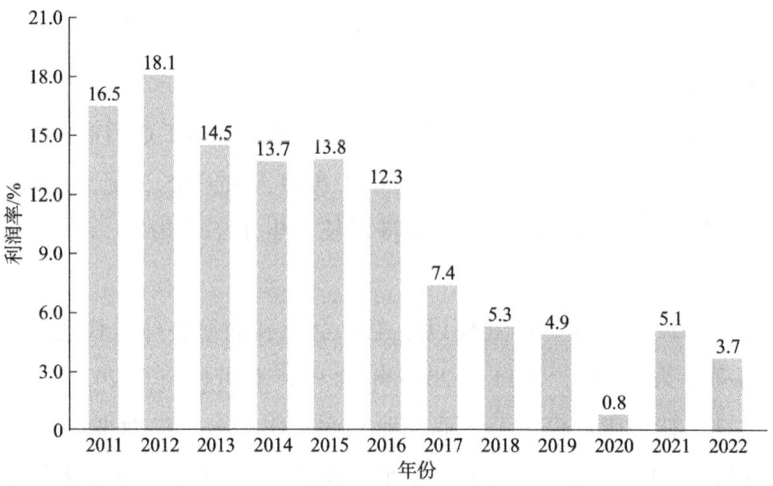

图 2-11 桂林市规模以上工业企业利润率

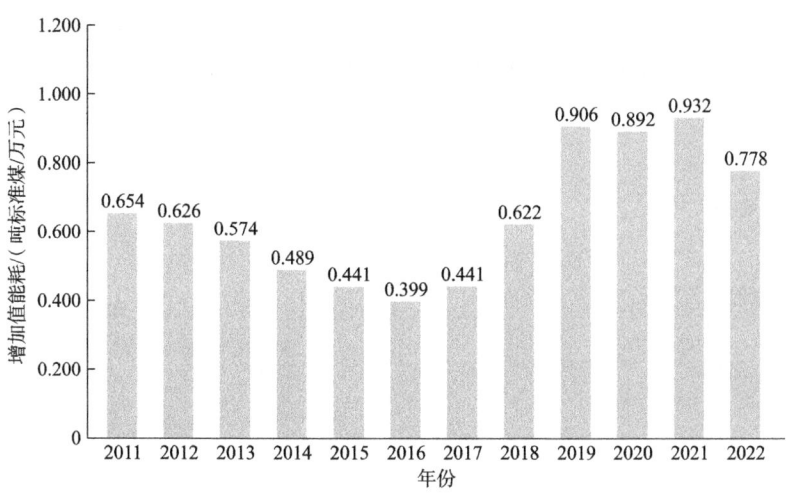

图 2-12 桂林市单位工业增加值能耗

五、梧州市工业发展现状

"十三五"时期,梧州市着力调整产业结构,重点推进产业集聚建设与发展,确立再生资源、医药食品、冶金机械、建材环保、电子信息和文化旅游六大重点产业为主导产业,创新实施产业发展"链长制"。2020年,六大重点产业总产值达1 043亿元,其中再生资源产业产值超400亿元,成为梧州市最大的支柱产业。梧州市规模以上工业企业达到493家,比2015年年末增长27.1%;全部工业增加值年均增长3.9%,工业投资年均增长约12.8%。

"十四五"期间,梧州市将立足产业基础及资源禀赋,坚持全产业链发展思路,调整优化产业结构,着力构建"5+4+1"产业新格局,即五个支柱产业(再生资源、金属新材料、建筑材料、食品医药和电子信息)、四个新兴产业(先进装备产业、新材料、节能环保和新一代信息技术)、一个特色轻工业。到2025年,梧州市力争支柱产业产值达到2 500亿元,新兴产业产值达到600亿元,特色轻工业产值超300亿元。

2018年和2019年,生产总值调整统计方法对梧州市的工业增加值影响很大，工业增加值从2017年的729.6亿元降到2019年的280.6亿元，降幅达61.5%，2021年和2022年又出现了较大幅度的增长，详见图2-13。

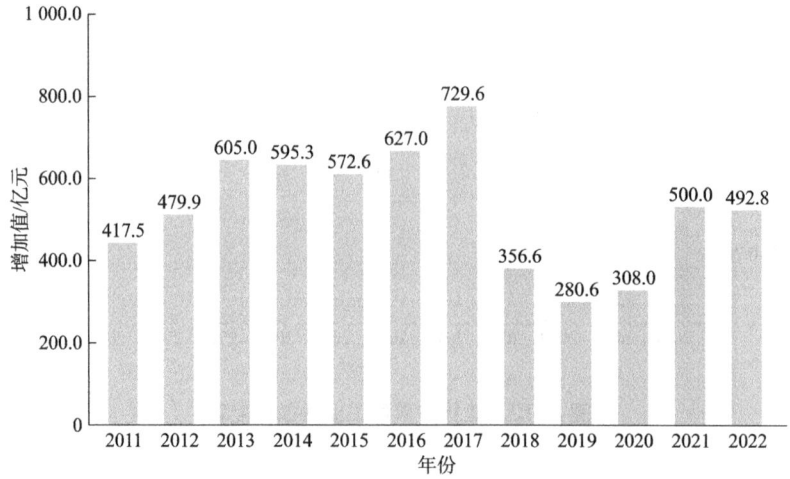

图2-13　梧州市工业增加值

自2011年以来，梧州市工业企业经营状况较好，规模以上工业企业年平均利润率为17.2%，明显高于广西平均水平7.1%；虽然2018年以来利润率出现了大幅度下滑，但仍然保持在8.0%以上，明显高于广西平均水平，详见图2-14。这表明梧州市的工业经济韧性较强，发展基础较扎实。

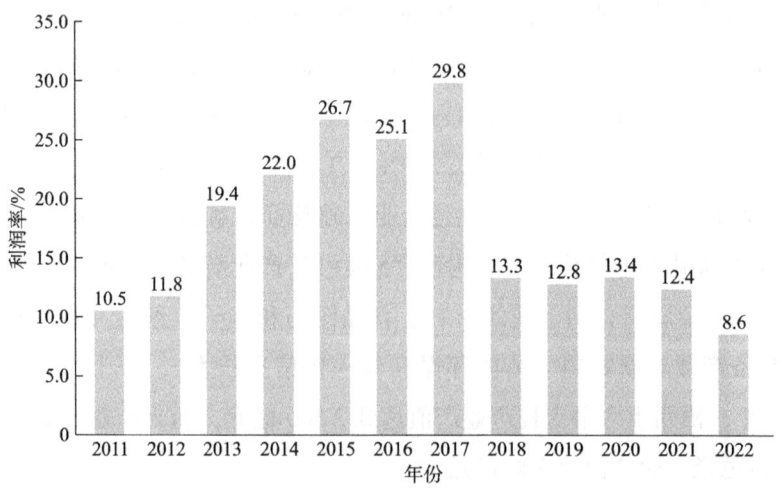

图2-14　梧州市规模以上工业企业利润率

自 2011 年以来,梧州市单位工业增加值能耗平均值为 0.346 吨标准煤/万元,明显低于广西平均水平 1.091 吨标准煤/万元。梧州市单位工业增加值能耗在 2017 年达到最低点 0.233 吨标准煤/万元,2018—2020 年出现较大幅度反弹,近两年又明显下降,但总体仍然优于广西各市,详见图 2-15。这说明梧州市在兼顾经济发展与资源节约利用方面做得比较好。

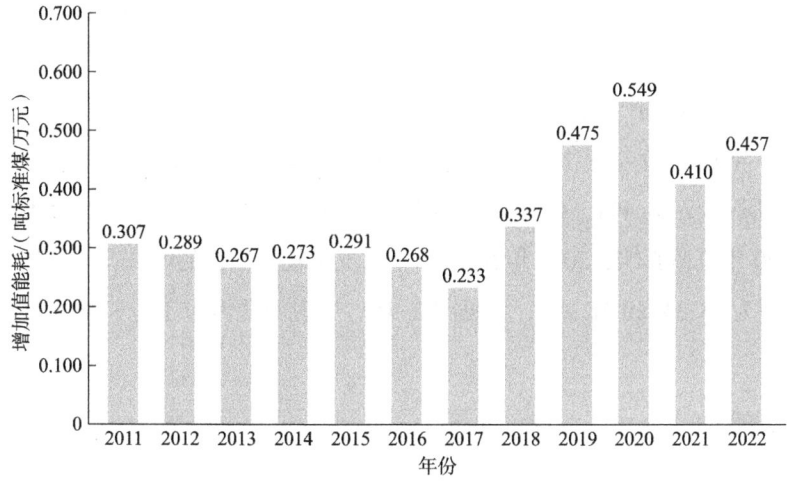

图 2-15 梧州市单位工业增加值能耗

六、北海市工业发展现状

作为西南地区重要的出海口、"一带一路"和西部陆海新通道的重要节点城市,北海向海图强,深入实施"工业强市"战略,以工业大发展做大经济总量。"十三五"期间,北海市工业规模不断壮大,工业质量效益稳步提高,在全广西地区工业发展中的地位明显提升,规模以上工业总量在广西全区排位稳步提升,由第 5 位上升到第 3 位。工业对全市经济发展的支撑作用进一步凸显,"十三五"期间,规模以上工业企业实现税收收入占全市税收收入比重最高达到 73.4%。

"十四五"期间,北海市将立足向海经济特色优势,以高质量发展为目标,加快制造业生产方式和企业形态根本性变革,聚力提升产业基础高级化、产业链现代化水平，壮大发展绿色化工、电子信息、高端玻璃及光伏材料、新材料及高端设备制造、高端造纸、能源产业六大重点产业集群，培育发展特色食品加工、林木加工和新兴海洋科技产业三大特色产业集群，打造形成"6+3"现代产业体系，巩固提升工业经济的支柱地位和辐射带动作用，打造具有持续竞争力和支撑力的现代化向海工业体系。"十四五"期间，北海市围绕"南向、北联、东融、西合"全方位开放发展新格局，立足北海主体功能划分和发展定位，加快形成以三大组团为核心，七大产业园区为重点，沿海新兴产业带为支撑的产业新布局。

2018年和2019年，生产总值调整统计方法对北海市工业增加值影响并不大，平均降幅仅28.4%，优于广西绝大多数城市。北海市工业增加值下降主要是受2020年疫情影响，2021年和2022年出现了较大幅度的增长，工业增加值增长率分别为33.3%和21.9%，详见图2-16。这说明北海市工业经济发展态势比较好。

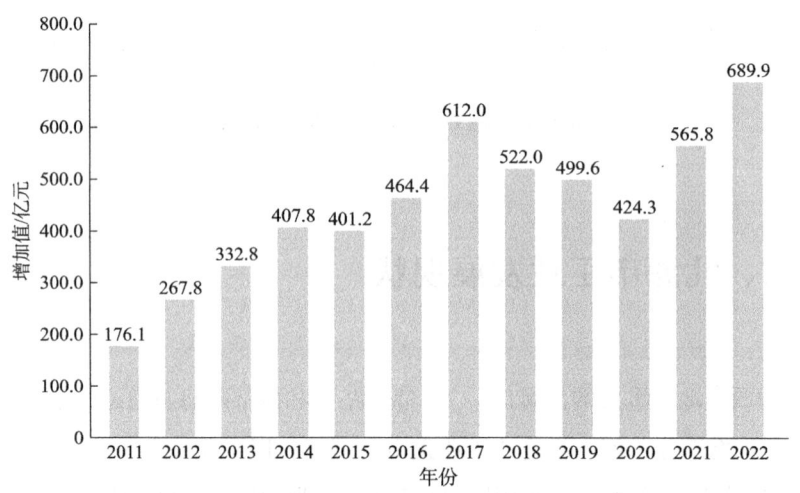

图2-16 北海市工业增加值

自2011年以来，北海市规模以上工业企业利润率整体呈波动式下降趋势，年平均利润率为13.8%，2011—2017年的利润率明显高于之后几年。2018年，利润率开始出现了大幅度下滑，从2017年的24.8%下降到2022年的5.3%，详见图2-17。自2011年以来，北海市规模以上工业企业利润率在绝大多数年份高于广西平均值，表明北海市工业经济发展状况好于大多数城市。

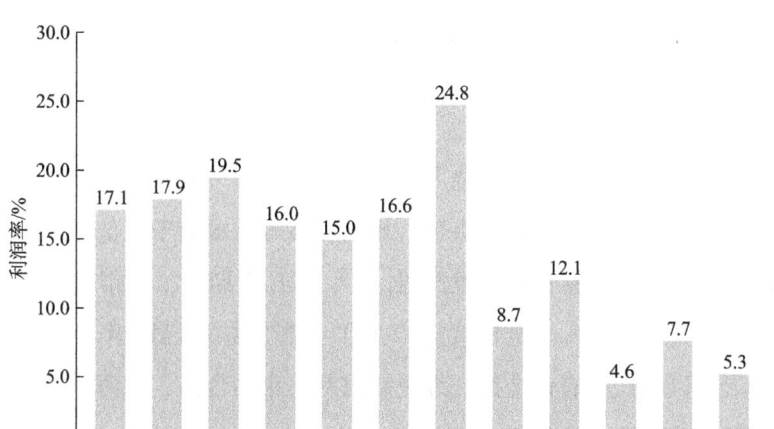

图 2-17　北海市规模以上工业企业利润率

自 2011 年以来，北海市单位工业增加值能耗平均值为 0.730 吨标准煤/万元，明显低于广西平均水平 1.091 吨标准煤/万元，而且变化幅度小于广西绝大多数城市。其中，2017 年达到最低点 0.557 吨标准煤/万元，2018—2020 年出现较大幅度反弹，2021 年和 2022 年出现明显下降，详见图 2-18。这说明北海市在兼顾经济发展与资源节约利用方面做得比较好。

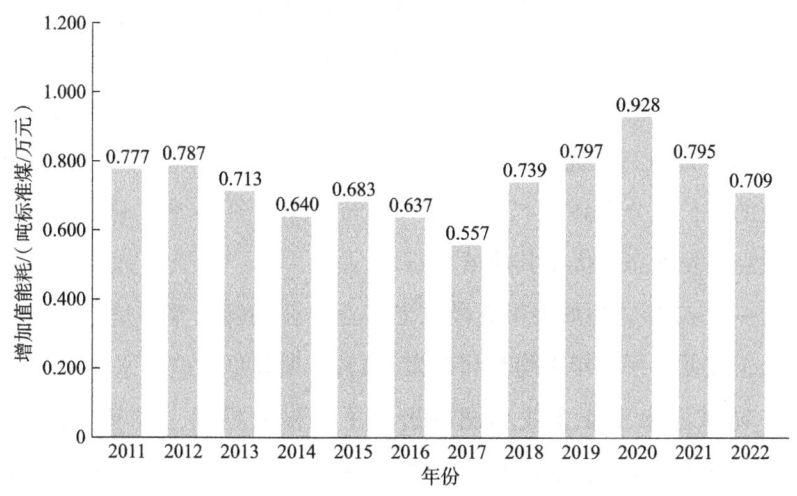

图 2-18　北海市单位工业增加值能耗

七、防城港市工业发展现状

"十三五"以来,防城港市立足沿海地理优势,加快构建现代化产业体系,临港工业不断壮大,钢铁、有色、粮油食品等已成为千百亿级产业,工业基础不断夯实,工业支撑作用越发凸显。"十三五"期间,全市规模以上工业增加值年均增速为7.8%,全市规模以上工业产值总量已跃升至广西全区第四。初步形成以钢铁、有色金属、绿色新材料、粮油食品、能源等千百亿级产业为重点的现代临港工业集群。

"十四五"期间,防城港市将紧紧围绕"建设现代化临港工业城市"总体目标,力争工业增速高于广西全区平均水平,工业综合实力有较大幅度提升,工业数字化、网络化和智能化水平大幅提升,可持续发展能力显著增强。防城港市将构建"4+5"的现代产业布局体系,力争"十四五"末基本建成钢铁、有色金属、绿色新材料和粮油食品加工四个千亿级支柱产业和电子信息、能源、装备制造、生物医药和县域轻工业五个百亿级特色优势产业,打造高端化、智能化和绿色化产业集群新高地,构建边海国际大通道,高标准建设防城港国际医学开放试验区,推动工业信息化、数字化和智慧化发展,初步建成现代化临港工业城市和国际医学开放合作新高地。

2018年和2019年,生产总值调整统计方法对防城港市工业增加值影响并不大,降幅为26.1%,优于广西大多数城市。2021年和2022年,防城港市工业增加值的增长率分别高达17.8%和38.4%,详见图2-19。总体来看,防城港市工业经济发展态势优于其他城市。

2011—2022年,防城港市规模以上工业企业利润率整体呈下降趋势,而且大都处于较低水平,年平均利润率为5.1%,明显低于广西平均水平7.1%。2017年,防城港市工业企业利润率出现了明显的反弹,但又大幅度下降,2022年降到了0.7%,位于广西各市倒数第2,详见图2-20。工业企业利润率过低不利于防城港市经济可持续发展。

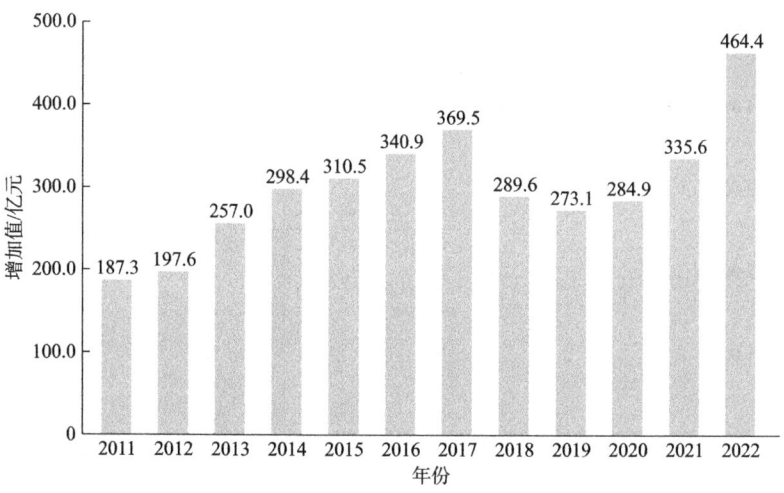

图 2-19 防城港市工业增加值

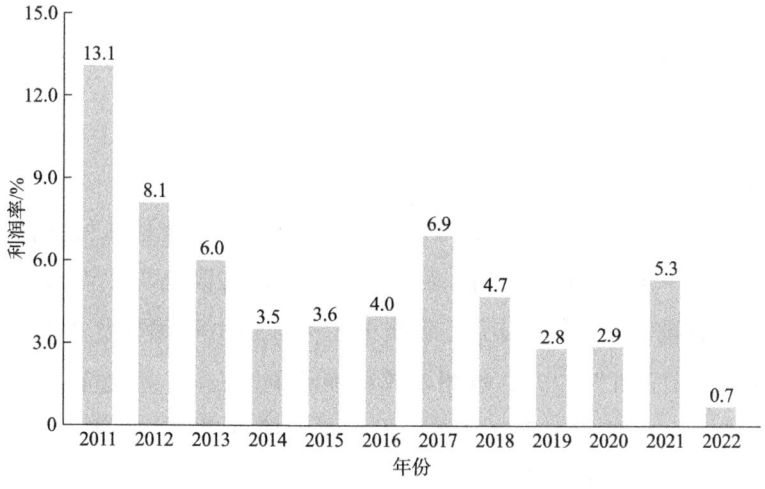

图 2-20 防城港市规模以上工业企业利润率

2011—2022 年，防城港市单位工业增加值能耗平均值为 2.431 吨标准煤/万元，明显高于广西平均水平 1.091 吨标准煤/万元，是广西能耗最高的城市。2011—2017 年，防城港市单位工业增加值能耗比较稳定，2018 年开始大幅度反弹，上升到 2021 年的 4.504 吨标准煤/万元，是 2017 年的 1.66 倍，详见图 2-21。这表明防城港市工业经济发展对能源依赖性比较大，需要在发展工业经济的同时兼顾资源节约利用。

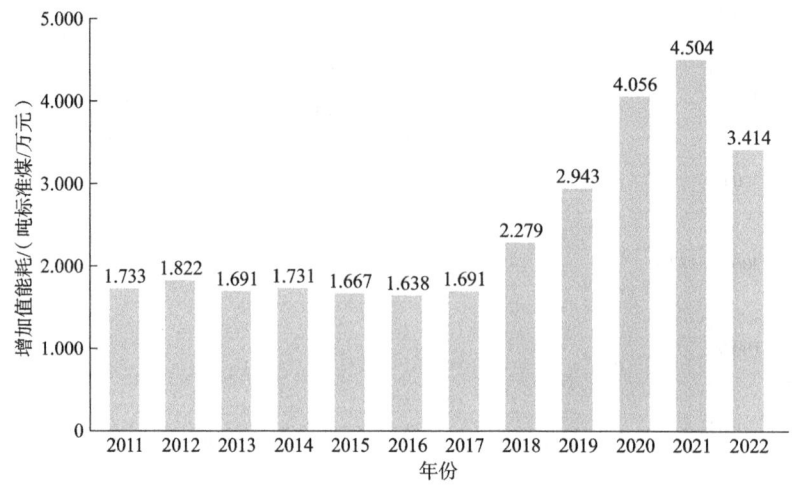

图 2-21 防城港市单位工业增加值能耗

八、钦州市工业发展现状

钦州市是广西北部湾经济区的海陆交通枢纽、西南地区便捷的出海通道，是"一带一路"南向通道陆海节点城市，拥有既是深水海港也是国家保税港的钦州港。2021年10月，钦州市入选"2020中国外贸竞争力百强城市"榜单。"十三五"以来，钦州市成功推动中国石油、恒逸石化、金桂能源、国投集团、中船重工等北部湾标志性重大项目建设，形成"三千亿级"临港工业新体系，绿色临港优势产业基本完成龙头项目布局。以数字经济为代表的战略性新兴产业快速成长，林浆纸、海洋装备制造、进口木材加工等全产业链架构基本形成。

"十四五"期间，钦州市立足资源条件和产业发展基础，紧抓重大战略机遇，以提升发展临港产业为重点，构建"1+3+3"的工业布局体系，争取创建国家级石化产业基地，发展壮大三大重要临港支柱产业（装备制造、电子信息和新能源材料产业），优化提升三大特色临港产业（造纸、进口木材加工和粮油食品深加工产业），形成"三千亿级"制造业产业规模，加快建成北部湾临海核心工业区。钦州市构建"1个枢纽5个产业联动区和若干个产业功能区"的产业布局,加快实现临港工业和县域工业"双轮驱动"。

2018年和2019年,生产总值调整统计方法对钦州市的工业增加值影响较大,降幅达18.0%。疫情对钦州市工业发展产生了不利影响,2020年工业增加值出现较大幅度的下降,详见图2-22。由于一批重大项目的引进,钦州市工业经济快速发展,2021年和2022年钦州市工业增加值增速分别高达44.0%和32.2%。

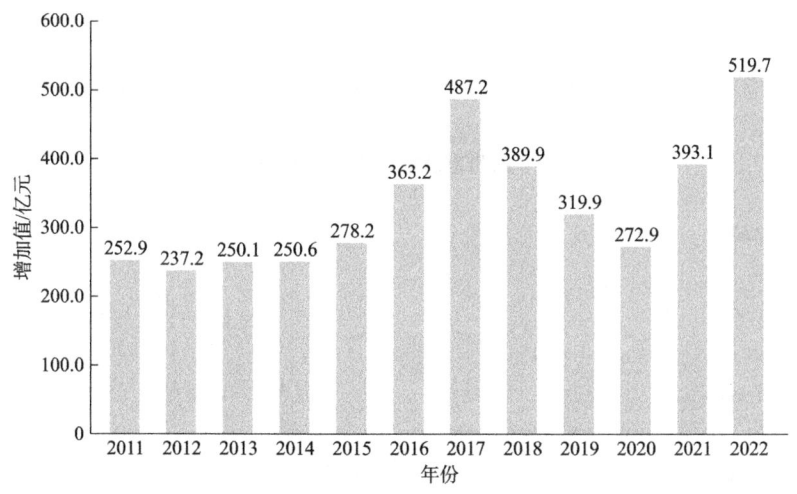

图2-22 钦州市工业增加值

自2011年以来,钦州市规模以上工业企业利润率整体呈波动式上升趋势,由于2011—2014年钦州市规模以上工业企业利润率基本为负,明显比广西其他市要差。自2015年以来,钦州市规模以上工业企业利润率均处于比较正常的水平,详见图2-23。

自2011年以来,钦州市单位工业增加值能耗平均值为1.624吨标准煤/万元,明显高于广西平均水平1.091吨标准煤/万元,在广西各市中处于较高水平。钦州市单位工业增加值能耗在2017年达到最低点0.988吨标准煤/万元,2018年出现较大幅度反弹,2020年达到2.011吨标准煤/万元,是2017年的1倍多,2021年和2022年出现明显下降,详见图2-24。

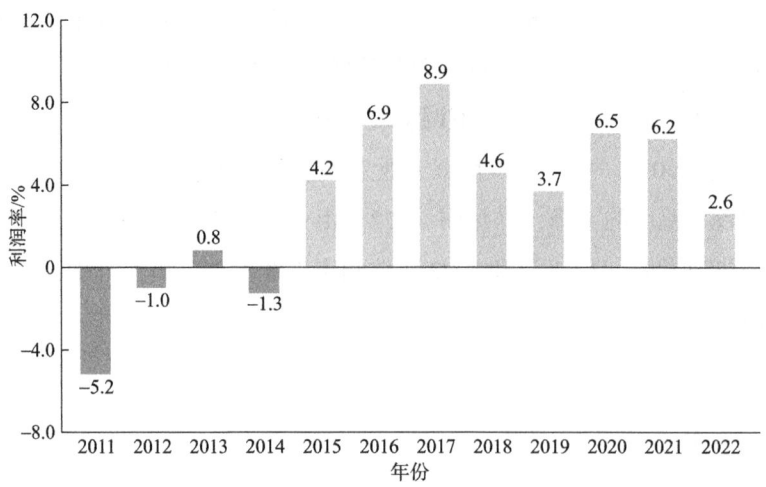

图 2-23　钦州市规模以上工业企业利润率

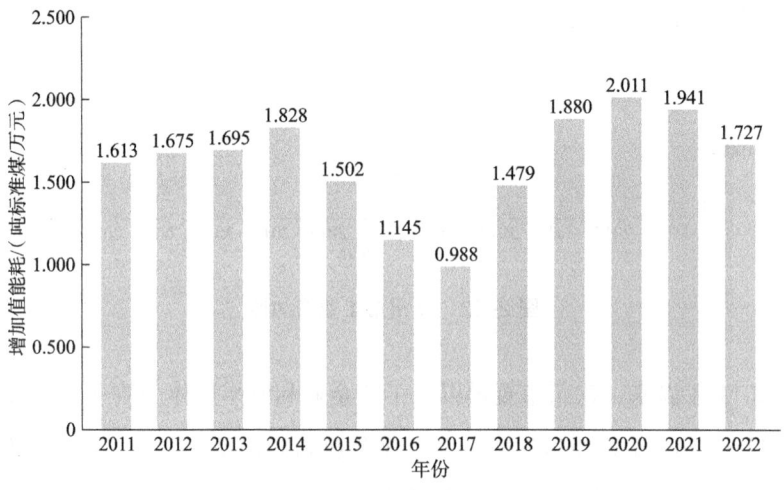

图 2-24　钦州市单位工业增加值能耗

九、贵港市工业发展现状

"十三五"以来，贵港市工业实现持续高速增长，对全市经济增长的贡献率明显提高，在促进经济增长、增加税收和推动就业方面发挥了重要支撑作用。"十三五"期间,贵港市工业经济总量在广西全区排位从第10名提升至第5名。截至2020年年底,贵港市共有规模以上工业企业872家,2016—2020年新增规模以上工业企业数达674家,新增规模以上企业数量多年排名广西全区第一。贵港市获评为2018—2020年广西工业高质量发展先进市、首批广西民营经济示范市,被确定为国家产融合作试点城市。

"十四五"期间,贵港市全力培育木材加工、新能源(智能)汽车及电动车、纺织服装、绿色建材、农产品精深加工5个千亿级产业集群。以加快培育发展先进制造业为总体目标,重点聚焦新能源(智能)汽车和电动车、先进装备制造、生物医药、新一代信息技术、精细化工和新材料六大新兴产业集群,促进优质农产品精深加工、绿色木业环保家居、纺织服装服饰、新型建材和能源五大特色优势产业转型升级。"十四五"期间,贵港市将着力优化园区产业布局,打造两个千亿级产业园区,形成布局合理、特色突出、错位发展和优势互补的产业新格局。

2018年和2019年,生产总值调整统计方法对贵港市工业增加值影响比较小,仅在2019年下降了9.6%,优于绝大多数城市,2020年比2019年逆势增长了7.1%,但2022年增速降至1.2%,详见图2-25。

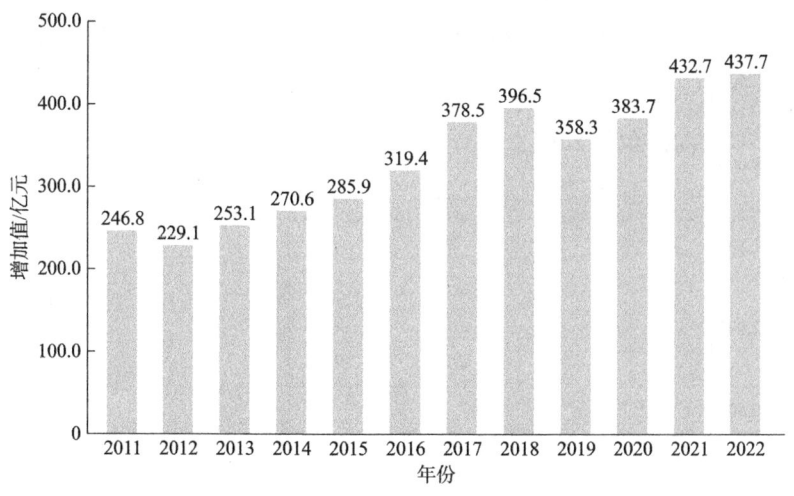

图2-25 贵港市工业增加值

2012—2022年,贵港市规模以上工业企业利润率虽然整体呈缓慢下降趋势，但在广西各市中仍处于比较好的水平，大多数年份高于广西平均水平。2020年，贵港市的工业企业利润率从2019年的9.6%下降到2022年的4.4%，详见图2-26。

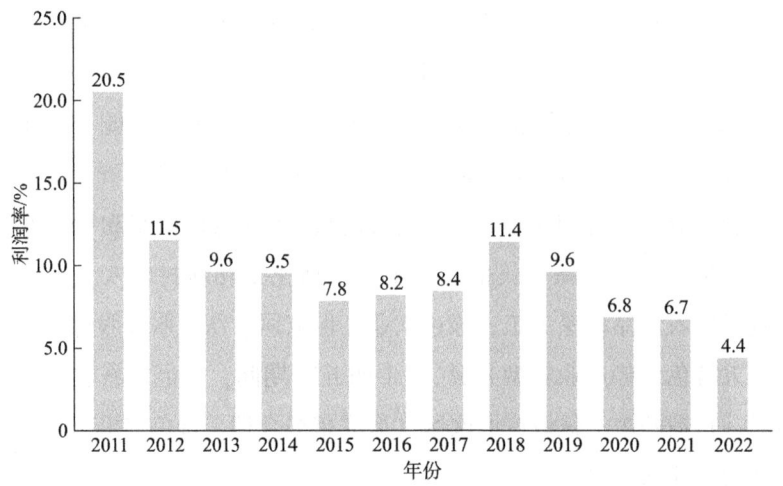

图2-26 贵港市规模以上工业企业利润率

2011—2022年，贵港市单位工业增加值能耗平均值为1.618吨标准煤/万元，明显高于广西平均水平1.091吨标准煤/万元，但整体上呈现下降趋势，2018—2019年有所反弹但幅度不大，2021年以来明显下降，详见图2-27。

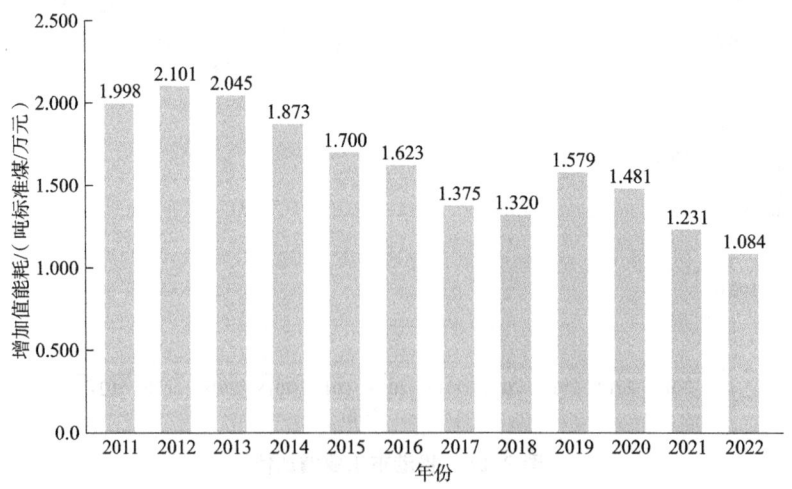

图2-27 贵港市单位工业增加值能耗

十、玉林市工业发展现状

"十三五"以来,玉林市工业强市战略深入推进,产业布局不断优化,玉柴发动机销量和品牌价值连续多年稳居行业榜首。机械制造、新材料、大健康和服装皮革四大千亿级产业集群加速形成,铜基新材料、不锈钢和新能源材料三个千亿级临港产业链初显雏形,广西先进装备制造城(玉林)、龙潭产业园区和玉林(福绵)节能环保生态产业园等特色产业园区初具规模。

"十四五"期间,玉林市将构建"3+4+4"的工业布局体系,壮大先进装备制造产业、先进新材料产业和大健康产业三大主导产业集群,振兴纺织服装产业、新型陶瓷产业、林产化工产业和消费品轻工业四大特色轻工产业,培育新能源汽车产业、前沿新材料产业、节能环保产业和生物医药产业四大战略性新兴产业。打造一批主导产业突出、产业链配套完善、特色鲜明和集聚发展的产业园区,到2025年,十大工业园区均实现百亿元以上产值规模,建成千亿级规模园区2个。

2018年和2019年,生产总值调整统计方法对玉林市工业增加值影响比较大,降幅为47.4%。2021年玉林市工业增加值增速高达37.1%,但2022年降为2.7%,详见图2-28。

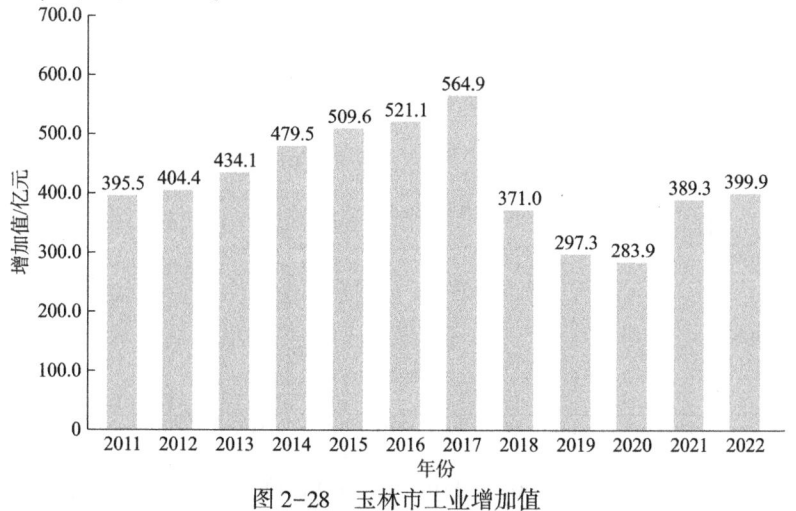

图2-28 玉林市工业增加值

2011—2022年，玉林市规模以上工业企业利润率整体呈先缓慢增长后逐渐下降的趋势，年平均利润率为9.1%，明显高于广西平均水平7.1%。玉林市规模以上工业企业利润率从2017年的10.2%下降到2022年的3.1%，详见图2-29。

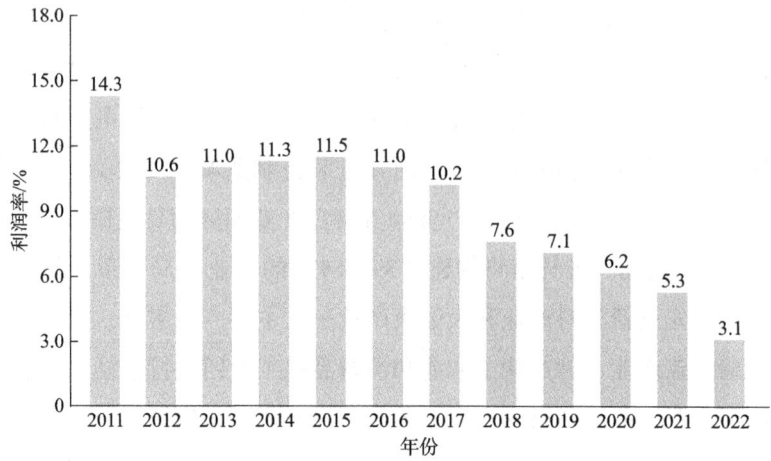

图2-29　玉林市规模以上工业企业利润率

2011—2022年，玉林市单位工业增加值能耗平均值为0.634吨标准煤/万元，明显低于广西平均水平1.091吨标准煤/万元，2017年达到最低点0.452吨标准煤/万元，2018年以来出现较大幅度反弹，但仍优于广西大多数城市，详见图2-30。

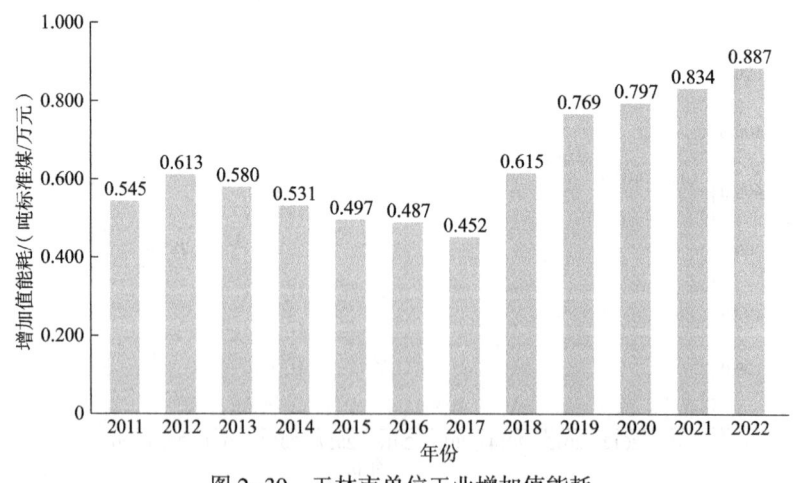

图2-30　玉林市单位工业增加值能耗

十一、百色市工业发展现状

百色市是全国十大有色金属之都,矿产资源丰富。铝土矿已探明可开采储量达7.3亿吨,远景储量达10亿吨以上,占全国储量的1/4,且矿石品位高,三氧化二铝含量达50%以上,铝硅比达10左右,远优于全国平均水平。百色市丰富的铝土矿资源,为大力发展新型生态铝产业奠定了坚实的基础。

"十三五"时期,百色市工业经济实现跨越式发展,形成"以铝为主,多业并举"的工业新格局。工业转型升级步伐加快,润泰铝业、彩虹铝业等铝精深加工项目投产。吉利百矿集团年产1 000万只铝轮毂项目、平果大生电力年产20万吨电力产品项目、平果和泰科技二期氟化铝项目、靖西湘潭电化3万吨磷酸铁项目等高附加值项目开工。

"十四五"时期,百色市深入实施"工业强市"战略,高质量做强做优铝产业,加速传统产业转型升级,加快发展新兴产业,到2025年,工业总产值达2 000亿元。高质量推进铝产业发展,围绕新材料、节能环保、生物医药等领域培育新产业新业态,推动化工产业、建筑材料产业等传统产业转型升级。为解决工业发展"一铝独大"的突出问题,百色市坚持"以铝为主、多业并举"的工业发展思路,全面重塑工业体系,打造"双千双五百"产业,着力发展新型铝产业、林木产业、新能源产业和新材料产业"四大主导产业"。

2018年和2019年,生产总值调整统计方法对百色市工业增加值影响比较大,降幅为39.5%。自2020年以来,百色市工业增加值连续3年增长,而且2021年和2022年增幅分别高达27.5%和19.9%,详见图2-31。

2011—2022年,百色市规模以上工业企业利润率整体呈波动趋势,主要原因是前几年工业企业利润率比较低,之后由于铝产业发展势头较好,利润率又提上去了。2021年和2022年,百色市规模以上工业企业利润率均处于较高水平,详见图2-32。

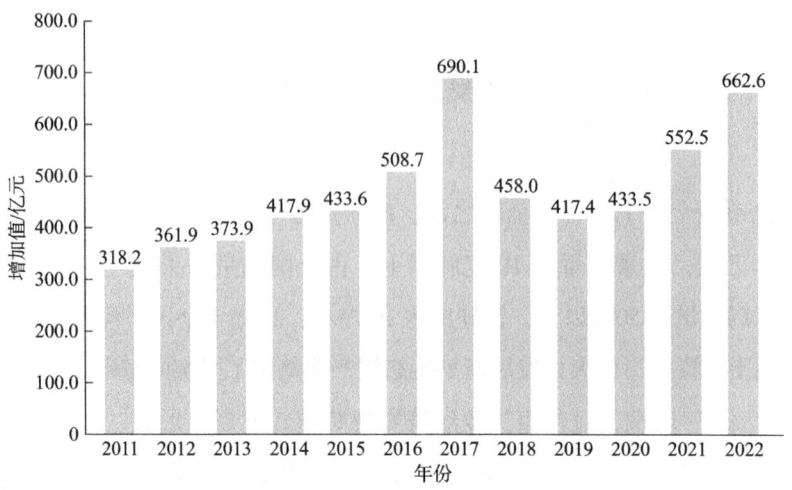

图 2-31　百色市工业增加值

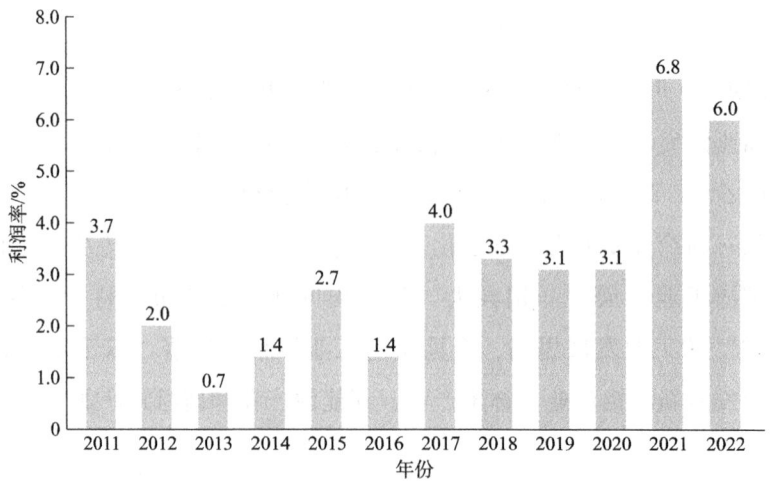

图 2-32　百色市规模以上工业企业利润率

2011—2022 年，百色市单位工业增加值能耗平均值为 2.173 吨标准煤/万元，明显高于广西平均水平 1.091 吨标准煤/万元，排在广西各市第 2 位。2011—2017 年，百色市单位工业增加值能耗呈现逐步下降趋势，2017 年达到最低点 1.452 吨标准煤/万元，2018 年和 2019 年出现连续两年大幅度反弹，2021—2022 年出现明显下降，详见图 2-33。

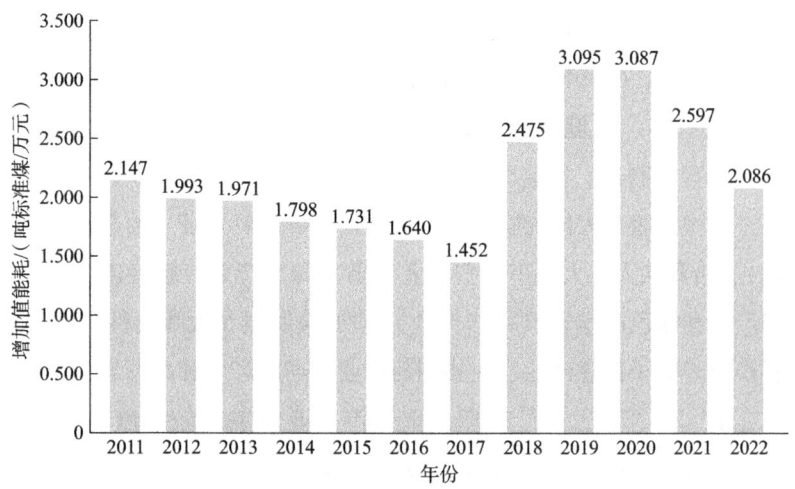

图 2-33 百色市单位工业增加值能耗

十二、贺州市工业发展现状

2002年6月18日,国务院批准设立地级贺州市。设市之初,贺州市工业以木材加工、造纸、水泥、有色金属冶炼等传统高能耗和高排放产业为主。现在,黄金珠宝、电子信息、生物制药、智能制造、金属新材料等新兴产业迅速崛起,成为推动高质量发展的坚实支柱。"十三五"时期,贺州市产业发展成效明显,形成绿色高端碳酸钙、金属新材料、生物制药、冶金循环、电子信息、现代服务业等"3+6"产业集群。2019年5月,广西印发实施《广西东融先行示范区(贺州)发展规划(2018—2025年)》,贺州市从广西开放发展的"边缘"跃升为广西全区"东融"的前沿。贺州市设立驻粤港澳大湾区经贸联络处,创建东融新产业育成中心,设立东融新产业引导基金。贺州市探索科研和孵化前台在大湾区,生产和转化后台在贺州的"双飞地"经济模式,按照驻湾联络处"引"、产业基金"投"、育成中心"育"和产业园区"产"的方式,成功引育了亿航无人机等80余家新经济和新业态项目落户贺州市。

"十四五"时期,贺州市坚持产业优先战略,按照"强龙头、补链条、聚集群"发展思路,抢抓国家产业布局调整和粤港澳大湾区产业全面升级的机遇,打造"3+6"产业集群(3个自治区定位的产业集群——绿色高端碳酸钙、金属新材料和生物制药,6个市级定位的产业集群——冶金循环、电子信息、绿色高端纺织、现代农林、大健康和文旅及现代服务业,3个新增市级定位产业集群——无人机智能制造、黄金珠宝和花岗岩)。贺州市将构建"3+4+5"的产业布局体系,转型升级3大传统制造业(绿色高端碳酸钙产业、冶金循环产业和花岗岩产业)、培育壮大4大都市消费工业(黄金珠宝产业、新兴建材产业、绿色高端纺织产业和绿色高端家具家居产业)和加快发展5大战略性新兴产业(金属新材料产业、电子信息产业、生物制药产业、通航产业和高端装备制造业)。

"十二五"和"十三五"时期,贺州市工业发展比较缓慢,2020年工业增加值仅比2010年增长了61.1%。2017年和2018年,生产总值调整统计方法对贺州市工业增加值影响并不大,两年仅下降了9.1%,优于广西绝大多数城市。2020—2022年连续3年实现增长,而且2021年和2022年增幅分别高达44.7%和14.6%,详见图2-34。

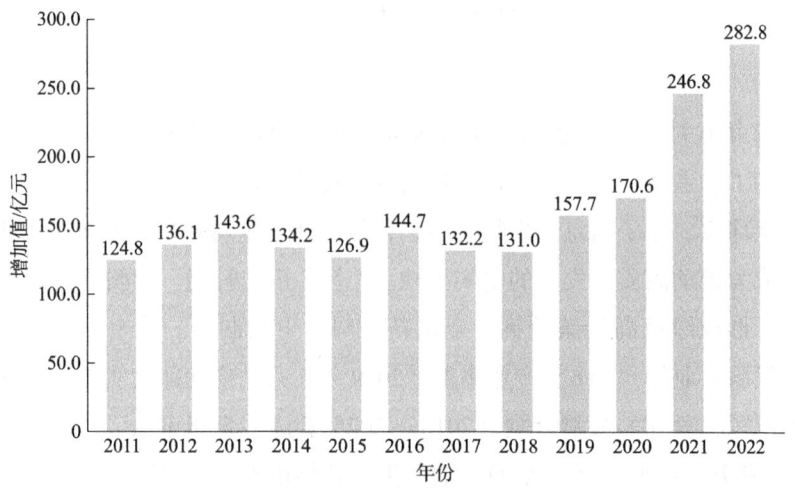

图2-34 贺州市工业增加值

2011—2022年,贺州市规模以上工业企业利润率整体呈先下降后逐步缓慢增长的趋势,2012—2016年的利润率明显高于2017—2022年,年平均利润率为7.1%,与广西平均水平持平。2020—2022年,贺州市规模以上工业企业的利润率呈现增长态势,详见图2-35。

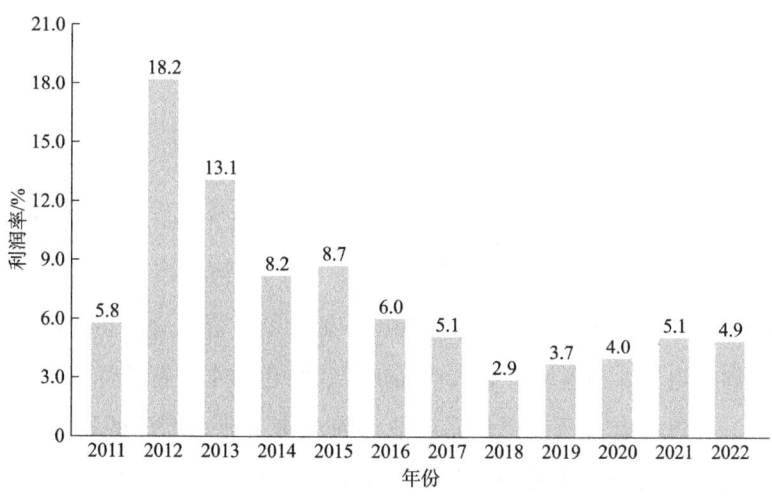

图 2-35 贺州市规模以上工业企业利润率

2011—2022 年,贺州市单位工业增加值能耗的平均值为 1.402 吨标准煤/万元,这一数值显著高于广西平均水平 1.091 吨标准煤/万元。该指标表现出波动性的变化趋势。具体来看,2011 年的能耗值为 0.634 吨标准煤/万元,达到研究期间的最低点。随后,2012 年和 2013 年连续两年出现显著的能耗反弹,之后能耗值逐步稳定在 1.0 吨标准煤/万元以上。值得注意的是,2021—2022 年,能耗值的下降趋势较为显著,详见图 2-36。

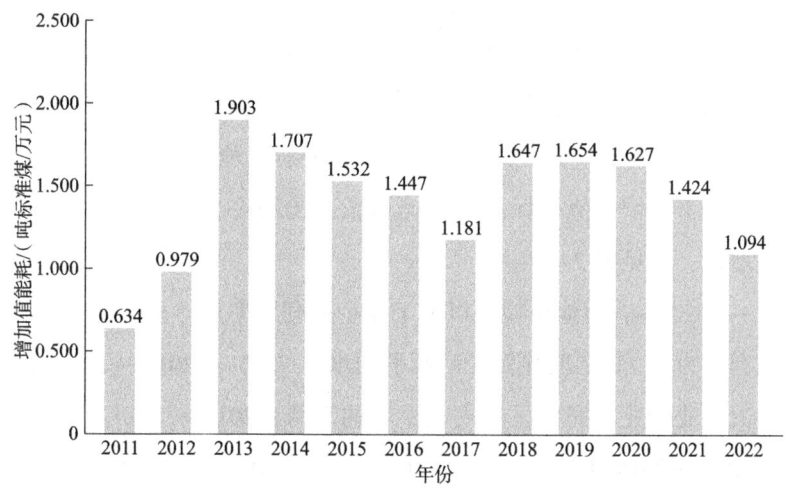

图 2-36 贺州市单位工业增加值能耗

十三、河池市工业发展现状

桑蚕茧丝绸产业和有色金属产业是河池市的传统优势产业和品牌产业，也是未来参与区域竞争的核心优势。"十三五"期间，河池市大力推动工业产业转型升级，通过强龙头、补链条、聚集群、抓创新、育品牌和拓市场，不断推进有色金属、电力、茧丝绸、林农产品加工、特色酒水等特色优势产业发展壮大。目前，有色和电力两大百亿元产业对河池市工业总产值的贡献仍在50%以上。桑蚕茧丝绸全产业链布局加速，荣获"中国丝绸新都"称号；服务业快速发展，旅游产业发展实现质的飞跃。全市获评中国首个地级"世界长寿市"，创建了一批国家级全域旅游示范区（县）、国家旅游业改革创新先行区、国家森林旅游示范县和"国家森林康养基地"。

"十四五"时期，河池市重点实施工业"千亿级百亿级"现代产业集群工程，集中力量打造生态环保型有色金属产业和桑蚕茧丝绸产业两个千亿级产业集群，着力培育酿酒、优质饮用水、农林产品加工、大数据电子信息、生物医药和化工、碳酸钙六个百亿级产业集群。优化新兴产业发展环境，全力发展5G网络融合、新一代信息技术、节能环保、新材料、新能源、新能源汽车、现代物流和生物医药等战略性新兴产业，培育新技术、新产品、新业态和新模式，鼓励采用创新产品和服务，加快形成新的经济增长点。

2017年和2018年，生产总值调整统计方法对河池市工业增加值没有明显影响，河池市工业增加值仍保持较高速增长，2020—2022年，连续3年仍保持较高速增长，详见图2-37。

2011—2022年，河池市规模以上工业企业利润率整体呈波动式上升趋势，年平均利润率为4.7%，明显低于广西平均水平7.1%。2011—2022年，河池市规模以上工业企业利润率呈现大起大落的态势，2011—2014年的利润率明显较低，2018—2019年处于比较正常的水平，2020—2022年的利润率呈现增长态势，2022年的利润率高于广西绝大多数城市，详见图2-38。

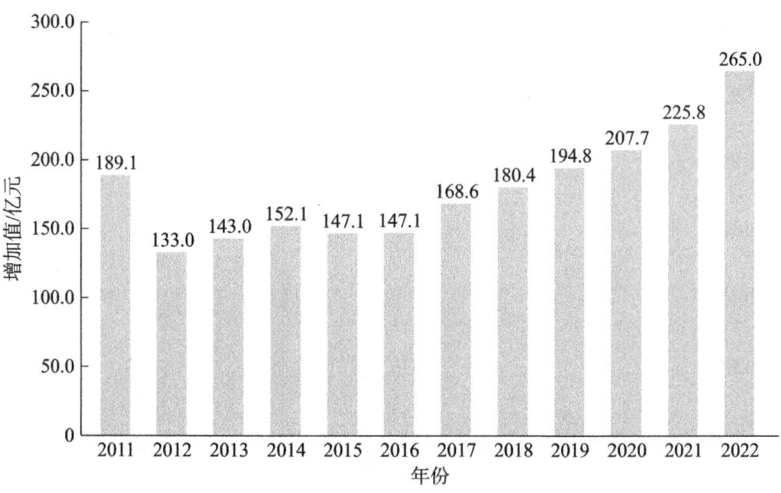

图2-37 河池市工业增加值

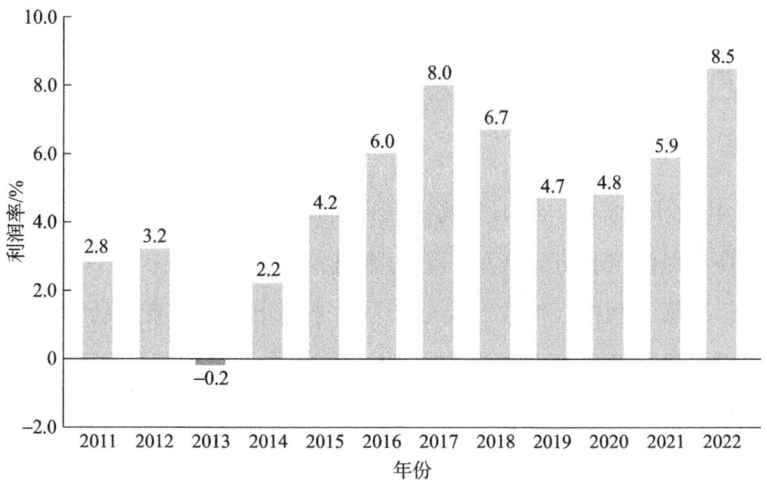

图2-38 河池市规模以上工业企业利润率

自2011年以来,河池市单位工业增加值能耗平均值为0.892吨标准煤/万元,略低于广西平均水平1.091吨标准煤/万元。河池市单位工业增加值能耗整体呈下降的态势,即使有反弹,幅度也很小,这在广西各市里也是比较少见的,说明河池市在促进经济发展的同时也较好地遵循绿色发展理念,详见图2-39。

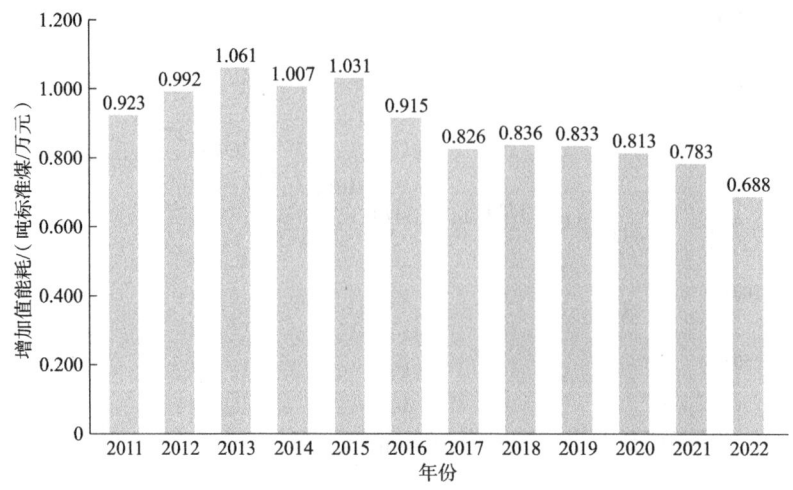

图 2-39 河池市单位工业增加值能耗

十四、来宾市工业发展现状

2002 年 12 月 28 日，经国务院批准来宾市正式成立。"十三五"时期，来宾市全力推动经济增长方式转型，着力推进传统优势产业"二次创业"，改造提升电力、冶炼、制糖、铝业等支柱产业。来宾市加快培育和壮大碳酸钙、茧丝绸、电子信息等特色产业和新兴产业，获得了"中国绿色碳酸钙之都·非金属新材料产业示范区"称号；引进了一批行业龙头企业，促进了电子信息、新材料、生物医药、新能源、农副产品加工等产业加快发展；完善促进"两化融合"的政策措施，将工业互联网建设作为龙头企业转型升级、创新发展的关键抓手。

"十四五"期间，来宾市围绕"三大三新""双百双新"，大力引进培育一批重大产业项目，加快构建"345"现代产业体系：转型升级三大传统产业（制糖及其综合利用、能源电力、冶金和金属新材料产业）、加快发展四大特色产业（高端碳酸钙、木材加工及高端家具家居产品、民族及生物医药和食品及农副产品加工产业）和培育壮大五大新兴产业（电子信息、节能环保、现代纺织、医药化工和化工新材料、机械装备制造产业），培育3~4个竞争力强劲的主导产业，全力打造珠江—西江经济带新兴制造业强市。

2017年和2018年，生产总值调整统计方法对来宾市工业增加值影响较大，两年下降了33.2%。2020—2022年，来宾市工业发展连续3年保持增长，特别是2021年和2022年增长率分别高达35.2%和23.8%，详见图2-40。

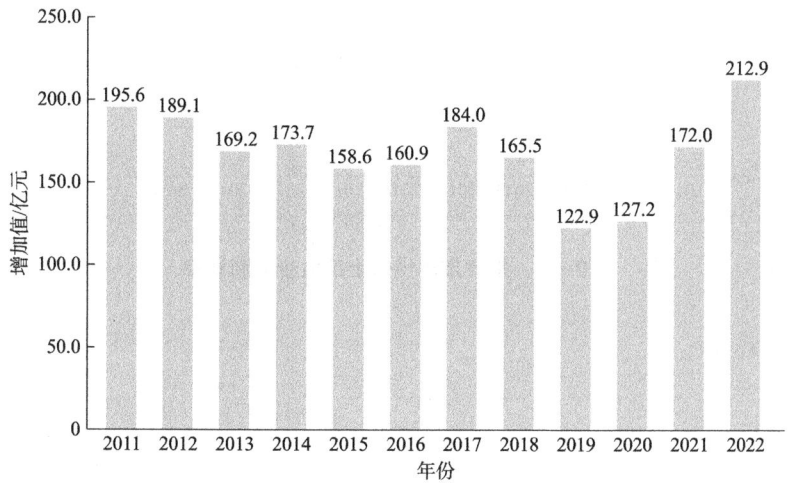

图2-40　来宾市工业增加值

自2011年以来，来宾市规模以上工业企业利润率大多数年份在1%以下，年平均利润率仅为3.4%，低于广西平均水平7.1%。产生的影响并不明显，2020年，来宾市规模以上工业企业利润率增长到9.1%，2021年和2022年出现较大幅度下降，详见图2-41。这说明2011—2022年来宾市工业经济发展基础比较薄弱，只有个别年份发展情况较好。

自2011年以来，来宾市单位工业增加值能耗平均值为2.505吨标准煤/万元，明显高于广西平均水平1.091吨标准煤/万元，2017年达到最低点1.516吨标准煤/万元，然后连续两年大幅度反弹，2019年和2020年有了明显下降，详见图2-42。由于工业经济发展基础比较薄弱，来宾市在发展经济和能源节约利用之间艰难寻求平衡。

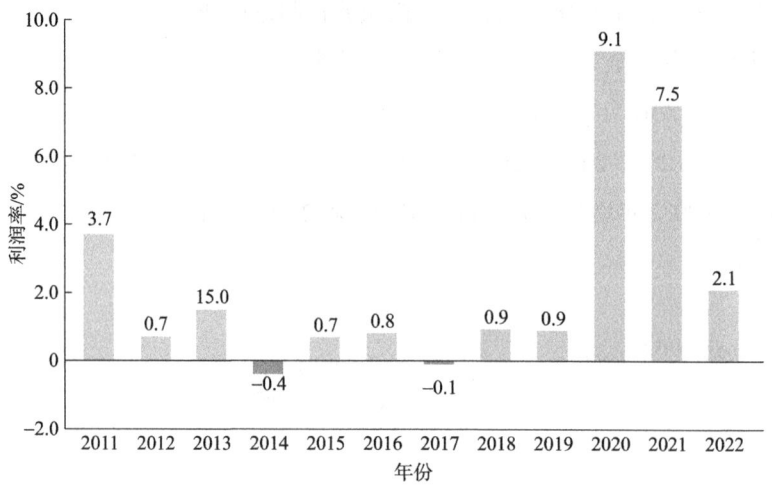

图 2-41　来宾市规模以上工业企业利润率

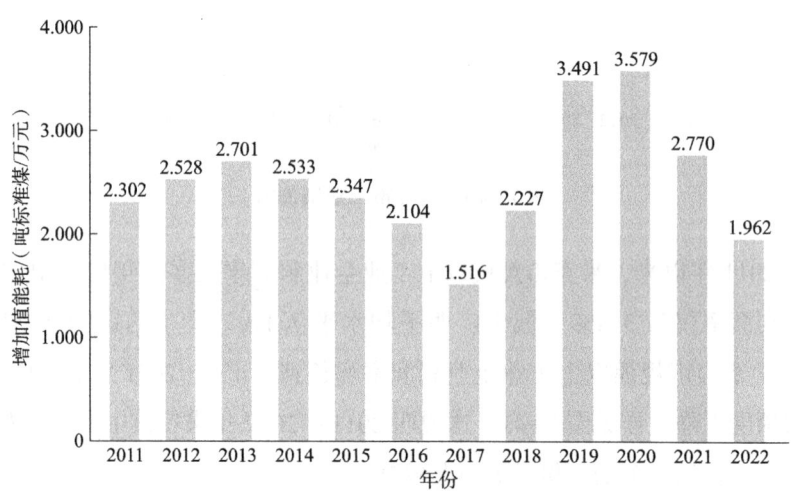

图 2-42　来宾市单位工业增加值能耗

十五、崇左市工业发展现状

2002 年 12 月 23 日，国务院批准设立崇左市。建市 20 多年来，崇左市聚力"强龙头、补链条、聚集群",重塑产业结构"新布局",从单一的"糖""锰"产业转型成长为以铜、锰、稀土新材料及其循环经济,高端家居及造纸,糖及其食品加工,以新型建材4个主导产业和农副产品及中药材绿色加工、现代出口制造2个特色产业为支撑的"221"现代化产业体系,为工业经济高质量发展锻造强劲引擎。

"十三五"期间,崇左市按照"强龙头、补链条、聚集群"产业发展思路,加快补齐工业短板,推动工业产业转型升级,努力实现工业高质量发展,取得积极成效。在推动糖、锰等传统产业保持稳定发展态势的基础上,加快铜业、木业、建材业等产业发展,逐步形成铜、锰、稀土新材料及其循环经济,糖及其食品加工,高端家居,新型建材4个主导产业。2020年,铜业、糖业和木业规模以上产值超过100亿元。

"十四五"时期,崇左市提升产业链现代化水平,促进产业链上中下游协同发展,加快构建"4+2"现代产业体系。推动铜、锰、稀土新材料及其循环经济,糖及其食品加工,高端家居,新型建材4个主导产业向高端化、智能化和绿色化发展,打造食品制造、新型建材两个300亿元产业集群、绿色家具家居500亿元产业集群、金属新材料千亿级产业集群。全力做大现代出口制造业、农副产品及中药材绿色加工产业两个特色产业。积极发展电子信息、新能源、数字经济等新兴产业,稳步提高制造业比重。

2019年,生产总值调整统计方法对崇左市工业增加值影响较大,下降幅度高达60.9%。2020—2022年崇左市工业发展连续3年保持增长,特别是2021年和2022年增长分别高达62.5%和21.2%,详见图2-43。

自2011年以来,崇左市规模以上工业企业利润率整体处于较高水平,年平均利润率为14.9%,远高于广西平均水平7.1%。但是,2011—2018年崇左市规模以上工业企业利润率明显高于之后的几年。2019年,崇左市规模以上工业企业利润率下降幅度较大,从2018年的19.9%下降到6.1%,详见图2-44。

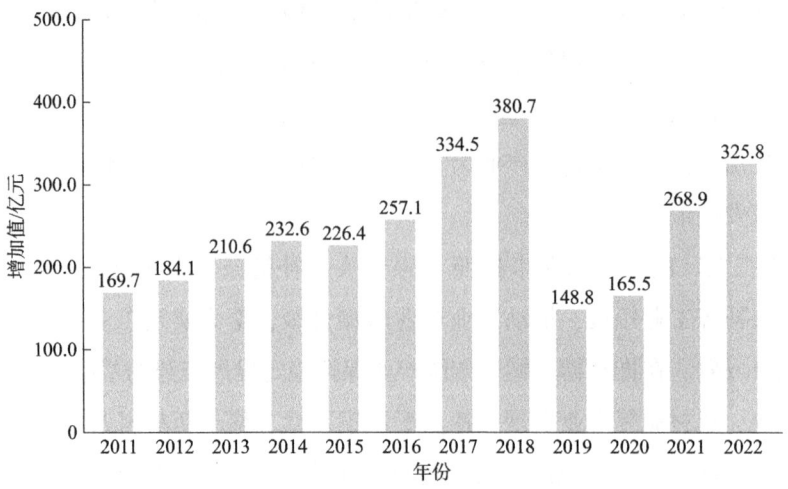

图 2-43 崇左市工业增加值

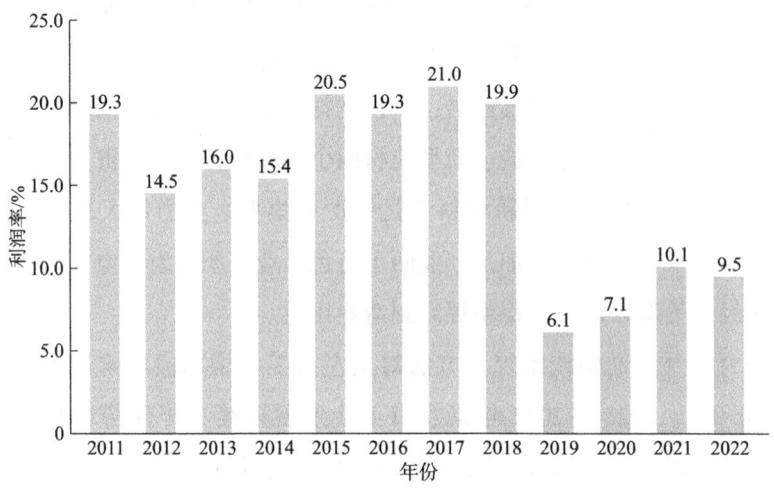

图 2-44 崇左市规模以上工业企业利润率

自 2011 年以来,崇左市单位工业增加值能耗平均值为 1.373 吨标准煤/万元,明显高于广西平均水平 1.091 吨标准煤/万元,2018 年达到最低点 0.944 吨标准煤/万元,2019 年出现大幅度反弹,2020—2022 年连续三年又出现明显下降,详见图 2-45。

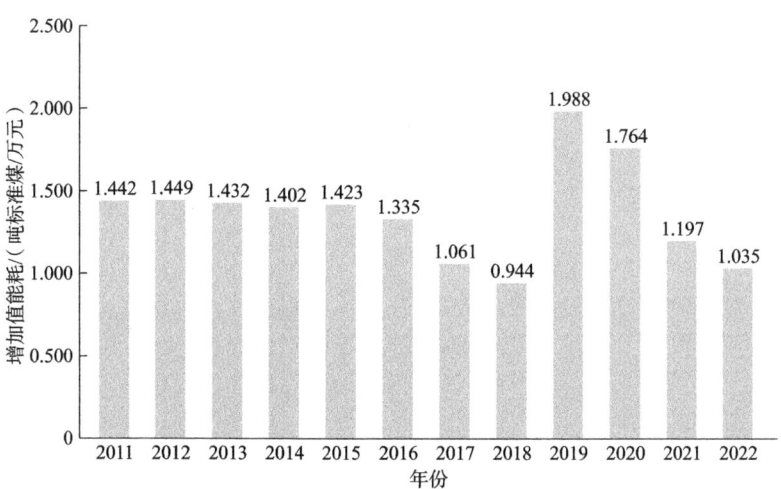

图 2-45 崇左市单位工业增加值能耗

第三章
广西各市工业高质量发展水平评价与分析

高质量发展是创新、协调、绿色、开放、共享的新发展理念的体现。近年来，国内诸多学者从新发展理念出发，构建经济高质量发展评价体系，对我国或地方经济高质量发展水平进行评价。目前，关于广西工业高质量发展评价体系的研究成果较少，而且已公开发表的文献没有对各市进行系统评价和比较。本章从新发展理念出发，借鉴其他学者关于经济高质量发展评价的研究成果，构建了广西工业高质量发展评价指标体系，对广西各市工业高质量发展水平进行评价和对比，从而加深对广西工业高质量发展现状的认识，帮助发现广西在工业高质量发展过程中存在的问题，进而提出促进广西工业高质量发展的对策和建议。

一、广西各市工业高质量发展评价指标体系构建原则

工业高质量发展评价指标体系的构建，应建立在对广西工业发展现状具有准确认识和深入理解的基础上。为了使工业高质量发展指标体系科学化、规范化和易运用，在构建指标体系时，应遵循以下原则。

1. 系统性原则

各指标之间不仅要有一定的逻辑关系，而且要从不同方面反映工业高质量发展的主要特征和状态，便于全面把握工业高质量发展的整体状况和发展态势。

2. 典型性原则

各评价指标具有较强代表性，既能较准确地反映特定区域工业高质量发展的关键特征，又能避免指标信息出现明显遗漏或缺失。

3. 简明性原则

在满足典型代表性的前提下，评价指标不能过多、过细，也不能过于繁琐。

4. 可比性原则

为了便于不同区域进行比较，指标的单位和计算方法要一致，并且能较容易地获得数据。

5. 可操作原则

各指标应尽量简单明了且便于收集和进行定量处理，以便进行指数计算、分析和比较。

二、广西各市工业高质量发展评价指标体系

(一) 广西工业高质量发展评价指标体系

根据以上对工业高质量发展内涵的认识与指标体系构建的原则，本章构建了由运行质量、科技创新、协调发展、绿色节约、开放合作与成果共享6个维度和18个具体指标组成的评价指标体系，详见表3-1。评价体系的构建是一个不断探索和优化的过程，要根据不同的发展阶段及不同的发展环境不断地完善整个评价体系。在构建评价指标体系的过程中，本研究借鉴了国家及各省（区、市）所构建的高质量发展评价指标体系，并综合考虑了广西全区及各市的具体发展状况与数据的可获取性。

表3-1 广西各市工业高质量发展评价指标体系

一级指标	二级指标	单位	指标性质
运行质量	劳动生产率	元/人	正向
	地均增加值	亿元/千米^2	正向
	工业增加值增长率	%	正向
	工业企业利润率	%	正向
	资产负债率	%	逆向
科技创新	研发投入强度	元/人	正向
	有效发明专利数	件	正向
	获得发明专利授权数	件	正向
协调发展	工业产出波动	—	逆向
	职工收入差距	—	逆向
	固定资产投资增速	%	正向
绿色节约	污水处理率	%	正向
	单位工业增加值能耗	吨标准煤/万元	逆向
	单位工业增加值水耗	吨水/万元	逆向
开放合作	外贸依存度	%	正向
	外资利用率	%	正向
成果共享	就业人员平均工资	元/人	正向
	社会保障参加率	%	正向

(二) 广西各市工业高质量发展评价指标的内涵

劳动生产率：各市的工业增加值除以各市的工业平均用工人数，该指标用来评价工业发展人均产出情况。劳动生产率越高，说明工业经济发展质量越好。

地均增加值：各市的工业增加值除以各市的工业用地面积，该指标用来评价在工业发展过程中对土地这一稀缺资源的集约利用情况。给定工业增加值，使用的土地面积越小，说明工业经济发展质量越好。

工业增加值增长率：各市各年的工业增加值增长率，该指标反映工业发展速度情况，表示为百分比。工业增加值增长率越高，说明工业经济发展质量越好。

工业企业利润率：各市规模以上工业企业利润总额除以规模以上工业企业资产总额，表示为百分比，该指标用于评价工业经济发展的产出效益情况。工业企业利润率越高，说明工业经济发展质量越好。

资产负债率：各市规模以上工业企业负债总额除以资产总额，表示为百分比，该指标用于评价工业企业的债务负担情况。资产负债率越高，工业企业的债务负担越重，对企业的长远发展越不利。

研发投入强度：各市研发支出额除以工业企业用工人数，该指标反映工业创新投入情况。由于工业企业研发支出各年的统计口径不一致，而且有些年份有缺失，所以用研发支出替代。研发投入强度越高，说明工业经济发展质量越好。

有效发明专利数：各市有效发明专利数量，该指标反映工业创新产出情况。由于没有工业企业有效发明专利数量的数据，所以本研究用有效发明专利数量替代工业企业有效发明专利数量。有效发明专利数越多，说明工业经济发展质量越高。

获得发明专利授权数：各市当年获得授权的发明专利数量。由于没有各市工业企业获得发明专利授权数的数据，但发明专利主要是工业企业申请的，所以本研究用获得发明专利授权数替代各市工业企业获得发明专利授权数。相对于专利授权数，发明专利授权数更能说明创新能力强弱，发明专利授权数越多，说明工业经济发展质量越好。

工业产出波动：各市工业增加值增长率近5年的标准差，该指标评价工业经济发展的稳定情况。工业产出波动越小，说明工业发展质量越好。

职工收入差距：各市电力、热力、燃气及水生产和供应业人均工资与制造业人均工资的比值，电力、热力、燃气及水生产和供应业属于垄断行业，工资水平较高，该比值用于衡量工业各行业的收入差距。职工收入差距越小，说明工业发展成果惠及更多人，工业发展质量越好。

固定资产投资增速：各市固定资产投资增速，表示为百分比。由于没有各市工业企业固定资产投资增速的数据，所以本研究用固定资产投资增速来替代。固定资产投资增速越高，工业增长速度往往越高，说明工业经济发展质量越好。

污水处理率：各市污水处理量与污水排放量的比值，用百分比表示。污水处理率越高，说明环保力度越大，工业发展质量越好。

单位工业增加值能耗：各市工业能源消费量（万吨标准煤）与工业增加值的比值。单位工业增加值能耗越低，说明工业科技水平越高，工业发展质量就越好。

单位工业增加值水耗：各市工业用水总量（吨水/万元）与工业增加值的比值。单位工业增加值水耗越低，说明工业科技水平越高，工业发展质量就越好。

外贸依存度：各市货物贸易进出口总额（亿元）与工业增加值的比值。外贸依存度越高，说明工业发展更有活力，工业发展质量就越好。

外资利用率：各市实际利用外资额（万美元[1]）与国内生产总值的比值。外资利用率越高，说明工业发展更有活力，工业发展质量就越好。

就业人员平均工资：各市城镇非私营工业单位就业人员平均工资。就业人员平均工资越高，说明工业发展成果惠及更多人，工业发展质量就越好。

社会保障参加率：各市城镇基本养老保险参保人数与城镇人口数之比。由于缺乏各市工业企业职工社会保障参加人数的数据，所以用社会保障参加率替代。社会保障参加率越高，说明工业发展使更多的人得到保障，工业发展质量就越好。

(三) 评价指标的数据来源说明

各指标的数据主要来源于各年的广西统计年鉴，部分指标数据来源于广西统计局网站和广西知识产权局网站。

三、广西各市工业高质量发展水平综合评价方法

在综合评价的过程中，如何确定权重至关重要。权重是否合理直接关系到

---

[1] 统计年鉴公布的是以美元计价的数据，由于广西各市的汇率相同，所以就没有换算为人民币。

评价结果的科学性与准确性。确定权重的方法大体分为主观赋权法和客观赋权法两类,为了更加科学地对指标赋权,本研究采用客观赋权法中的熵值法❶,确定指标权重。

(一) 指标标准化

为了消除不同评价指标在数量级和度量单位等方面的不一致,需要先对各评价指标进行标准化。本研究使用的部分指标有负值,有些指标值差异过大,导致有些标准化方法不能用,或者评价结果出现异常。因此,本研究采用改进的功效系数法,计算公式为

$$p_{ij} = \begin{cases} \dfrac{x_{ij} - \min x_{ij}}{\max x_{ij} - \min x_{ij}} \times 60 + 40, x_{ij} \text{为正向指标} \\[2mm] \dfrac{\max x_{ij} - x_{ij}}{\max x_{ij} - \min x_{ij}} \times 60 + 40, x_{ij} \text{为逆向指标} \end{cases} \quad 3-1$$

$$i = 1,2,\cdots,14 \quad j = 1,2,\cdots,18$$

式中,x_{ij} 为第 i 个城市第 j 个指标的实际值,p_{ij} 为第 i 个城市第 j 个指标的标准化值,标准化值在 40~100 分。

(二) 指标权重的确定

计算各评价指标标准化值 p_{ij} 的信息熵 E_j

$$E_j = -\frac{1}{\ln n} \sum_{j=1}^{m} \left(\frac{p_{ij}}{\sum_{i=1}^{n} p_{ij}} \times \ln \frac{p_{ij}}{\sum_{i=1}^{n} p_{ij}} \right) \quad 3-2$$

计算各评价指标标准化值 p_{ij} 的权重 w_j

$$w_j = \frac{1 - E_j}{\sum_{j=1}^{m}(1 - E_j)} \quad 3-3$$

---

❶ 选取熵值法的主要原因是,它可以尽可能避免各指标权重受到主观因素的干扰,使最终评价结果更加贴近实际,也便于不同年份进行比较。

（三）工业高质量发展综合评价模型

计算第 i 个城市的工业高质量发展水平指数 F_i

$$F_i = \sum_{j=1}^{m} w_j \times x_{ij} \qquad 3-4$$

（四）综合评价结果及分析

将广西各市2022年的各指标数据代入评价模型，不仅可以得到2022年各市的工业高质量发展评价指数，还可以得到6个一级指标的评价指数。总的来看，广西各市工业高质量发展水平并不高，综合评价指数在70分以上的只有南宁市，详见图3-1和表3-2。综合评价指数在60分以下的有贺州市、玉林市、梧州市、贵港市和来宾市，这些城市分布在广西中部和东部。

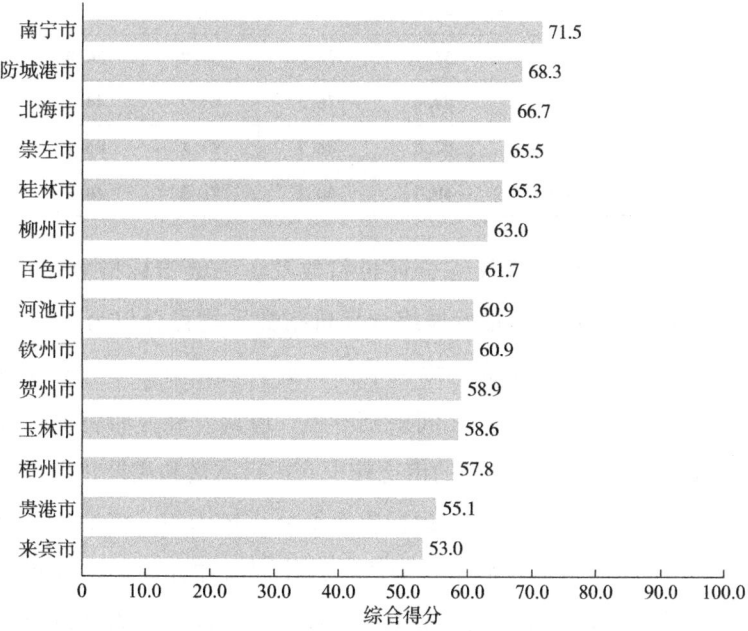

图3-1 2022年广西各市工业高质量发展水平综合评价指数

表 3-2　2022 年广西各市工业高质量发展综合评价指数得分

城市	综合得分	运行质量	科技创新	协调发展	绿色节约	开放合作	成果共享
南宁市	71.5	47.8	97.0	60.2	76.9	79.9	76.2
柳州市	63.0	43.5	66.3	84.5	89.5	45.1	84.2
桂林市	65.3	53.8	71.4	76.0	97.1	41.4	71.1
梧州市	57.8	62.4	41.8	63.5	92.0	45.8	57.0
北海市	66.7	80.9	45.2	76.6	96.9	41.9	65.7
防城港市	68.3	76.8	60.0	61.2	72.8	52.8	86.0
钦州市	60.9	68.8	44.8	75.7	83.0	46.2	54.5
贵港市	55.1	58.3	40.7	77.7	83.0	43.6	40.0
玉林市	58.6	58.4	44.9	77.5	89.9	48.8	50.8
百色市	61.7	72.1	44.0	79.9	72.4	42.9	64.9
贺州市	58.9	61.9	41.6	79.8	91.9	40.8	56.8
河池市	60.9	66.2	42.5	88.7	84.8	43.5	55.1
来宾市	53.0	54.7	41.0	69.8	74.0	41.2	51.1
崇左市	65.5	72.2	42.6	71.2	71.3	86.2	59.9
平均值	**61.9**	**62.7**	**51.7**	**74.5**	**84.0**	**50.0**	**62.4**
中位数	**61.3**	**62.2**	**44.4**	**76.3**	**83.9**	**44.3**	**58.4**
最大值	**71.5**	**80.9**	**97.0**	**88.7**	**97.1**	**86.2**	**86.0**
最小值	**53.0**	**43.5**	**40.7**	**60.2**	**71.3**	**40.8**	**40.0**

广西各市工业高质量发展综合评价指数及各一级指标指数详见表3-2。2022年，广西各市工业高质量发展综合评价指数平均得分仅为61.9，说明各市工业高质量发展水平并不高；绿色节约方面表现最好，平均得分为84.0，最低分在70分以上，而且各市之间差别不大；协调发展方面表现较好，最低分在60分以上，但是超过80分的市比较少；运行质量和成果共享方面表现一般，平均得分仅为62.7和62.4，运行质量得分比较均匀，成果共享得分低于60分的市较多，因此中位数低于平均值；科技创新和开放合作方面表现比较差，平均得分仅为51.7和50.0，两个指数都是低分居多，高分较少，而且高分得过高，因此两个指数的中位数都明显小于平均值。

第四章
广西各市工业高质量发展水平分析

一、南宁市工业高质量发展水平分析

2022年，南宁市工业高质量发展综合评价指数得分为71.5分，排各市第1位，各项指数得分情况详见图4-1。其中，科技创新指数得分是各市中最高的，而且遥遥领先于其他城市；开放合作、成果共享和绿色节约表现较好，指数得分都在70分以上，开放合作指数和成果共享指数分别排第2位和第3位，但绿色节约指数只排在第10位；表现最差的是运行质量指数和协调发展指数，分别排在第13位和第14位。

南宁市科技创新指数值高的原因是有效发明专利数量（11 822件）和获得发明专利授权数量（2 214件）都远超广西其他城市，研发投入强度（33 343元/人）排在第2位。开放合作指数值高的原因是外资依存度（16.72）位列各市第1，外贸依存度（2.356）位列第2，这与南宁市是省会城市和中国东盟博览会举办城市有密切关系。成果共享指数值高的原因是社会保障参加率（36.0%）排在第4位，就业人员平均工资（97 213元/人）排在第2位。运行质量指数值较低的原因是劳动生产率（328 299元/人）、地均增加值（34.98亿元/千米²）、工业增加值增长率（-0.6%）和工业企业利润率（2.2%）都比广西各市平均水平低，而资产负债率（69.8%）比广西各市平均水平高。协调发展指数值低的原因是固定资产投资增速为-17.8%，是各市中最差的，职工收入差距（1.883）排各市第2位。

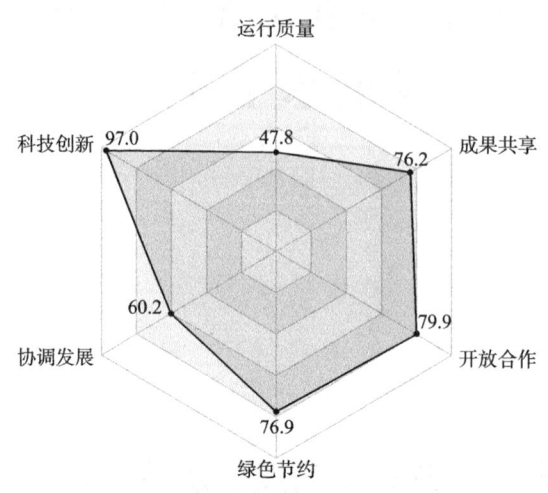

图4-1 2022年南宁市工业高质量发展水平各项指标得分

2017—2022年，南宁市工业高质量发展综合评价指数一般都是广西各市中最高的，也是唯一一个保持在70.0分以上的城市，只在2018年排在第2位。南宁市的工业高质量发展水平指数得分在2017年达到最高点76.6分，但在2020年和2021年出现了明显下降，详见图4-2。

2017—2022年，南宁市工业高质量发展综合评价指数下降的主要原因是绿色节约、协调发展和运行质量三个指数值明显下降，成果共享指数略微下降，详见图4-3。绿色节约指数出现下降的原因是单位工业增加值水耗和单位工业增加值能耗明显提高，2017—2022年，单位工业增加值水耗从73.03吨水/万元提高到91.29吨水/万元，单位工业增加值能耗从0.394吨标准煤/万元提高到0.744吨标准煤/万元，而广西各市平均单位工业增加值水耗在下降，各市平均单位工业增加值能耗上升幅度没有南宁大。协调发展指数增大的原因是工业产出波动、职工收入差距和固定资产投资增速均下降。2017—2022年，工业产出波动从3.5%增大到16.9%，职工收入差距从1.700增大到1.883，固定资产投资增速从12.6%下降到-17.8%。运行质量指数下降的原因是，2017—2022年，劳动生产率从514 879元/人下降到328 299元/人，工业增加值增长率从11.9%下降到-0.6%，工业企业利润率从7.9%下降到2.2%，资产负债率从60.1%上升到69.8%，地均增加值变化不大。南宁开放合作指数提高了，原因是2017—2022年外贸依存度从0.510增大到2.356；科技创新指数没有变化，都是97.0分。

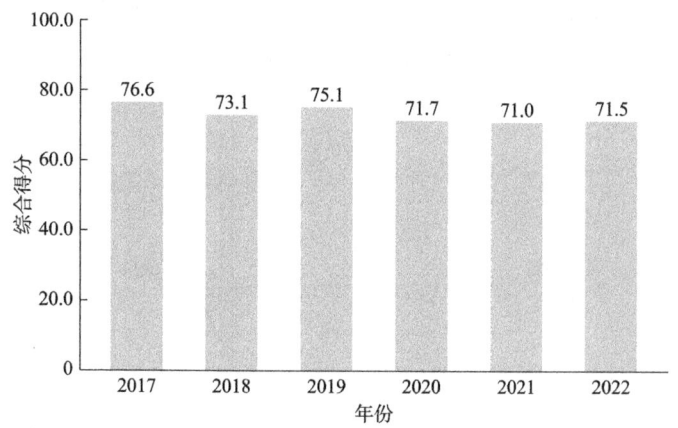

图4-2 2017—2022年南宁市工业高质量发展综合评价指数变化情况

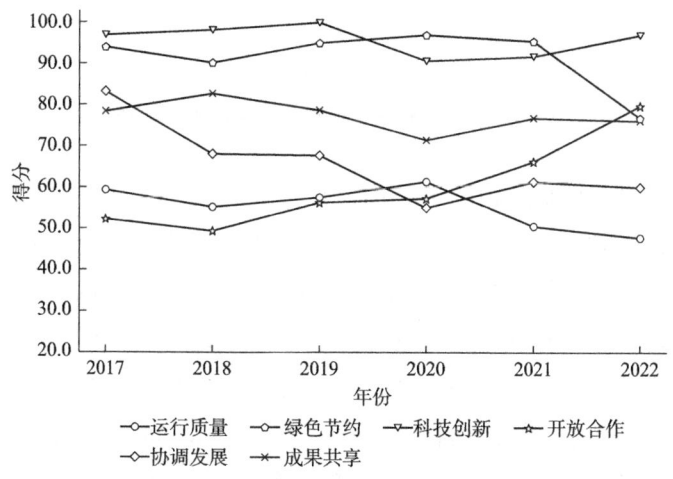

图4-3 2017—2022年南宁市工业高质量发展各项指数情况

二、柳州市工业高质量发展水平分析

2022年,柳州市工业高质量发展综合评价指数为63.0,排在第6位,各项指数得分情况详见图4-4。其中,成果共享和协调发展表现最好,得分排在第2位;科技创新方面表现比较好,指数排在第3位;绿色节约和开放合作方面表现处于中间水平,分别列第6位和第7位;表现最差的是运行质量方面,排在第14位。

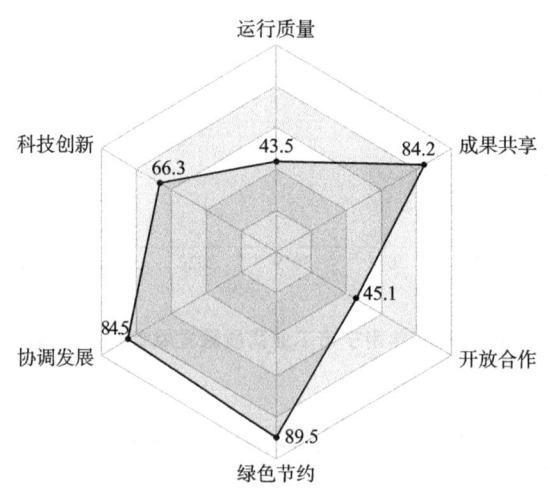

图4-4　2022年柳州市工业高质量发展水平各项得分

柳州市成果共享指数值高的原因是社会保障参加率(43.4%)排在广西各市第1位,就业人员平均工资(95 629元/人)排在第3位。协调发展指数值较高的原因是职工收入差距(1.042)是广西各市中最低的,工业产出波动(8.8%)较小。科技创新指数值较高的原因是研发投入强度(24 435元/人)、有效发明专利数(4 793件)和发明专利授权数(821件)都居广西各市第3位。运行质量指数值低的原因是劳动生产率(456 836元/人)、地均增加值(18.43亿元/千米^2)、工业增加值增长率(1.3%)和工业企业利润率(0.3%)都较差,都比广西各市平均水平低,而资产负债率(74.8%)是广西各市中最高的。

柳州市工业高质量发展综合评价指数在2021年之前表现较好,都超过70分,但2021年和2022年出现明显下降,详见图4-5。柳州市的工业高质量发展综合评价指数在2018年达到最高点76.1分,居广西各市第1位。

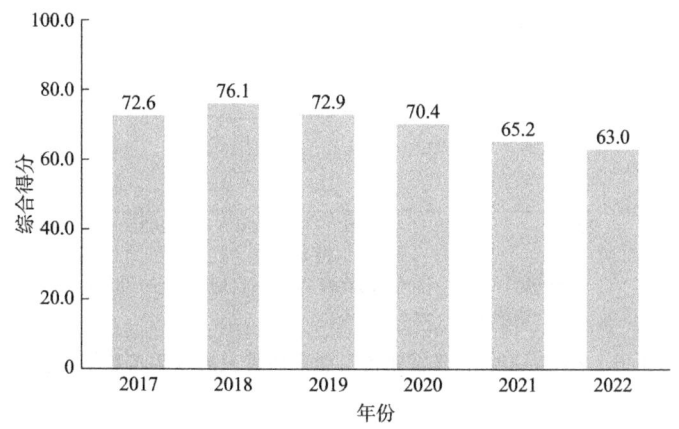

图4-5　2017—2022年柳州市工业高质量发展综合评价指数变化情况

2017—2022年,柳州市工业高质量发展综合评价指数持续下降,主要原因是运行质量、科技创新、成果共享和协调发展四个指数值都出现明显下降,开放合作指数值下降幅度较小,详见图4-6。运行质量指数下降的原因是各指标都变差了,2017—2022年,劳动生产率从511 458元/人下降到456 839元/人,地均增加值从25.29亿元/千米^{2}下降到18.43亿元/千米^2,工业增加值增长率从9.1%下降到1.3%,工业企业利润率从5.7%下降到0.3%,资产负债率从67.4%上升到74.8%。科技创新指数下降的原因是,2017—2022年,发明专利授权数从903件下降到821件,从第2位降到第3位,研发投入强度虽然提高了,但提高幅度没有广西大多数城市大。成果共享指数下降的原因是就业人员平均工资增长缓慢,2017—2022年,就业人员年平均工资从76 088元提高到95 629元,但排名从第1位下降到第3位。协调发展指数下降的原因是工业产出波动和固定资产投资增速都明显下降了,2017—2022年,工业产出波动从4.4%增大到8.8%,固定资产投资增速从15.3%下降到-7.0%,职工收入差距变化较小。

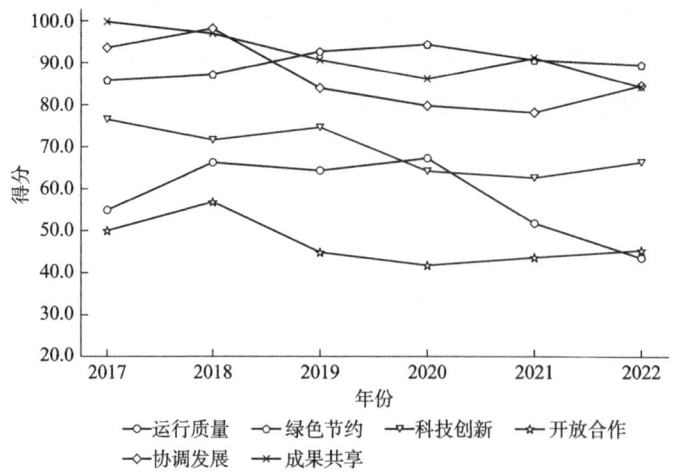

图 4-6 2017—2022 年柳州市工业高质量发展水平各项指数情况

三、桂林市工业高质量发展水平分析

2022年，桂林市工业高质量发展综合评价指数得分为65.3分，排在第5位，各项指数得分情况详见图4-7。其中，绿色节约和科技创新两个指数表现最好，绿色节约指数在广西各市中排在第1位，科技创新指数排在第2位；成果共享指数表现较好，排在第4位；表现最差的是运行质量和开放合作，均排第12位。

桂林市绿色节约指数得分较高的原因是以下三个指标表现较好且较均衡，单位工业增加值能耗（0.778分）比大部分城市低，污水处理率（99.9%）排在第2位。科技创新指数得分较高的原因是有效发明专利数（6390件）和发明专利授权数（1396件）明显高于除南宁以外的城市，这与桂林市高校较多有密切关系。成果共享指数得分较高的原因是社会保障参加率（43.0%）排在广西各市第2位。运行质量指数得分较低的原因是劳动生产率（300 824元/人）、地均增加值（23.86亿元/千米^2）、工业增加值增长率（7.0%）和工业企业利润率（3.7%）都较低，均低于广西各市平均水平。开放合作指数得分较低的原因是外贸依存度（0.305）和外资依存度（0.590）表现均较差，都比广西各市平均水平低，外资依存度排在第 13 位。

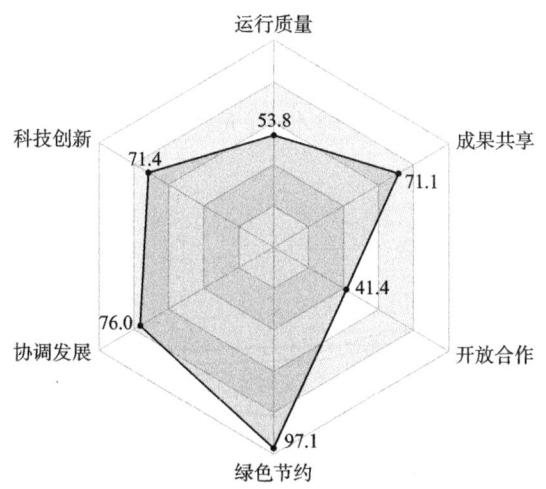

图 4-7　2022 年桂林市工业高质量发展水平各项得分

2017—2022 年，桂林市工业高质量发展综合评价指数变化不大，分值在 62.2~66.9 分，详见图 4-8。桂林市工业高质量发展水平指数得分在 2018 年达到最高点 66.9 分，2020 年和 2021 年出现略微下降，2022 年出现明显回升。

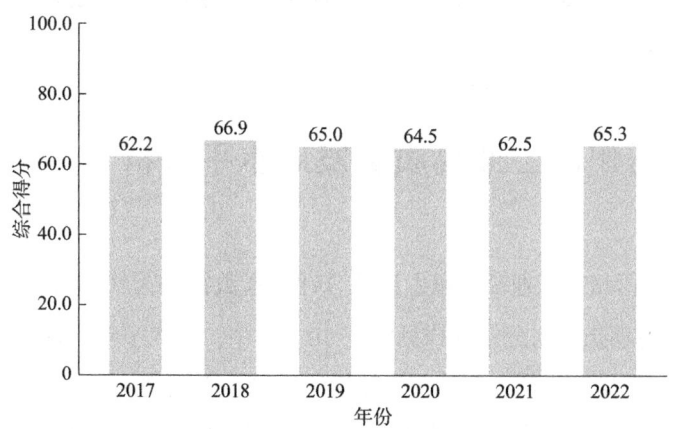

图 4-8　2017—2022 年桂林市工业高质量发展综合评价指数变化情况

2017—2022 年，桂林市工业高质量发展综合评价指数变化不大，主要原因是协调发展和绿色节约两个指数值明显上升，其他指数变化较小，详见图 4-9。

协调发展指数增大的原因是工业产出波动由高于广西平均水平变为低于广西各市平均水平，固定资产投资增速都高于广西平均水平，职工收入差距小幅下降。绿色节约指数上升的原因是污水处理率明显提高，单位工业增加值水耗大幅度下降，2017—2022 年，污水处理率从 92.9% 提高到 99.9%，单位工业增加值水耗从 61.54 吨水/万元下降到 28.66 吨水/万元，但单位工业增加值能耗有一定上升。

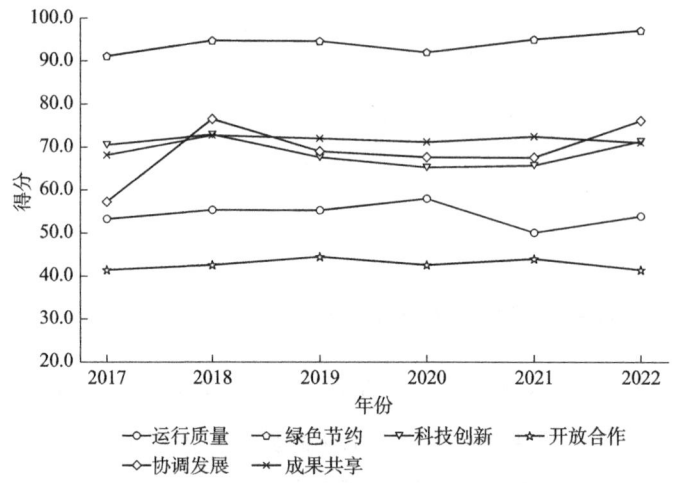

图 4-9　2017—2022 年桂林市工业高质量发展水平各项指数情况

四、梧州市工业高质量发展水平分析

2022 年，梧州市工业高质量发展综合评价指数得分为 57.8 分，排在广西各市第 12 位，各项指数得分情况详见图 4-10。其中，绿色节约方面表现最好，得分在广西各市中排第 3 位；开放合作和运行质量方面表现一般，得分分别排第 6 位和第 7 位；表现较差的是科技创新和协调发展方面，分别排在第 11 位和第 12 位。

梧州市绿色节约指数得分高的原因是单位工业增加值能耗（0.457 吨标准煤/万元）和单位工业增加值水耗（10.96 吨水/万元）都是广西各市中最低的，

污水处理率与广西各市平均水平接近。开放合作指数表现一般,原因是外贸依存度(0.257)和外资依存度(3.153)都处于中等水平。运行质量指数值表现一般,原因是除了工业企业利润率(8.6%)和资产负债率(63.3%)优于广西各市平均水平,劳动生产率(448 036元/人)、地均增加值(42.97亿元/千米^2)和工业增加值增长率(−1.4%)都比广西各市平均水平要低,工业增加值增长率是广西各市中最低的。科技创新指数得分低的原因是研发投入强度(6 148元/人)排第12位,有效发明专利数(790件)和发明专利授权数(89件)都比较低,远低于广西各市平均水平。协调发展指数得分低的原因是工业产出波动(37.6%)较大,排广西第2名,固定资产投资增速(6.4%)比广西各市平均水平高1个百分点,职工收入差距(1.532)与广西各市平均水平比较接近。

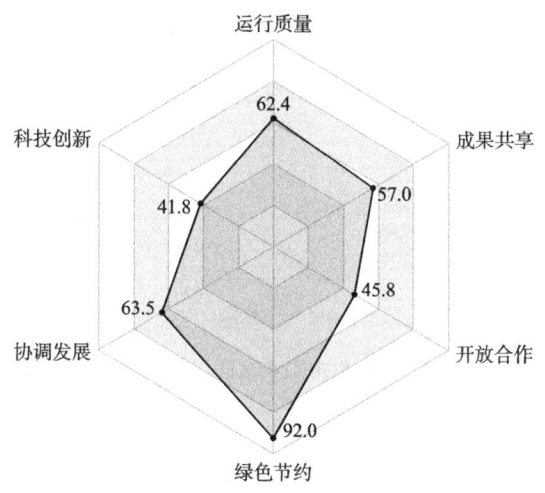

图4-10　2022年梧州市工业高质量发展水平各项得分

2017—2022年,梧州市工业高质量发展综合评价指数得分为56.1~64.6分,在2021年达到最高点64.6分,详见图4-11。2018年和2022年,梧州市高质量发展综合评价指数得分都出现了明显的下降,这反映了梧州市工业经济发展基础还不够扎实。

2017—2022年,梧州市工业高质量发展综合评价指数出现下降,其主要原因是运行质量和绿色节约两个指数值明显下降了,协调发展指数虽然有波动但下降幅度不大,详见图4-12。运行质量指数下降的原因是,2017—2022年,地均增加值从83.67亿元/千米^{2}下降到42.97亿元/千米^2,工业增加值增长率从

16.4%下降到-1.4%,工业企业利润率从29.8%下降到8.6%,资产负债率从47.6%上升到63.3%。绿色节约指数略有下降的原因是单位工业增加值能耗明显提高、单位工业增加值水耗明显下降。2017—2022年,单位工业增加值能耗从0.233吨标准煤/万元提高到0.457吨标准煤/万元,单位工业增加值水耗从37.69吨水/万元下降到10.96吨水/万元。协调发展指数略有下降的原因是工业产出波动、职工收入差距和固定资产投资增速都变差了,2017—2022年,工业产出波动从11.2%增大到37.6%,职工收入差距从1.460增大到1.532,固定资产投资增速从13.8%下降到6.4%,但仍明显高于广西各市平均水平。

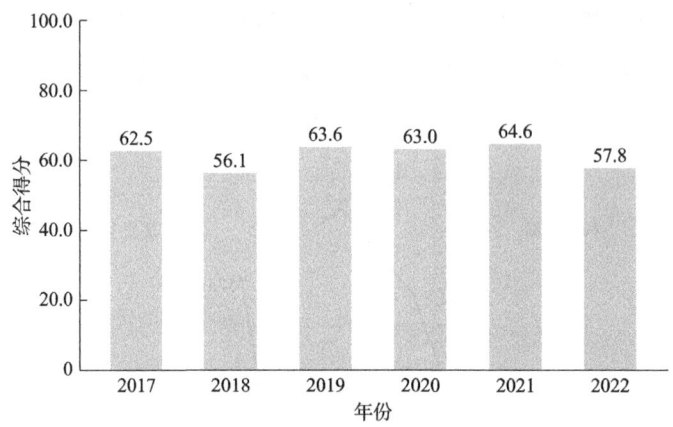

图4-11 2017—2022年梧州市工业高质量发展综合评价指数变化情况

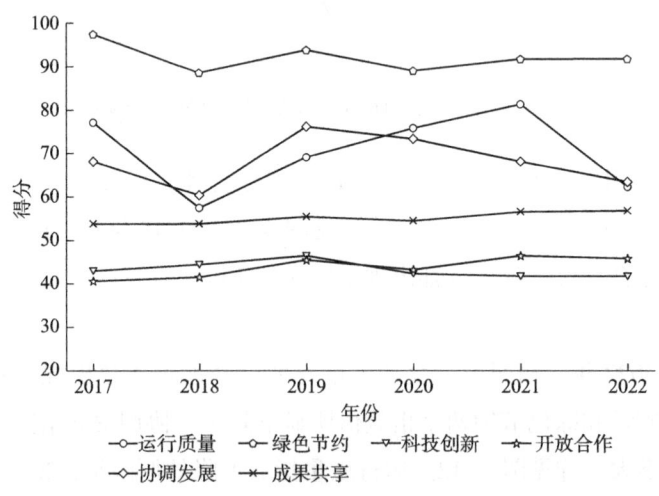

图4-12 2017—2022年梧州市工业高质量发展水平各项指数情况

五、北海市工业高质量发展水平分析

2022年,北海市工业高质量发展综合评价指数得分为66.7分,排在广西各市第3位,各项指数得分情况详见图4-13。其中,运行质量和绿色节约表现最好,运行质量指数得分在广西各市中排第1名,绿色节约指数得分排第2名;科技创新和成果共享方面表现较好,指数得分都排第5名;表现较差的是开放合作方面,排第11名。虽然协调发展指数得分为76.6分,但仅排第7位。

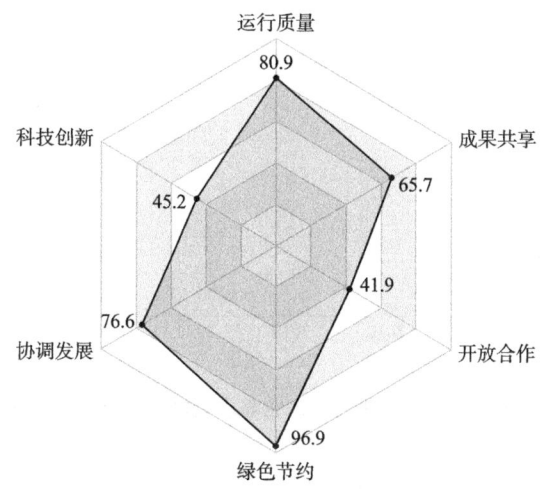

图4-13 2022年北海市工业高质量发展水平各项得分

北海市运行质量指数高的原因是地均增加值、劳动生产率和工业增加值增长率的表现都较好,地均增加值(138.0亿元/千米^2)排广西各城市第1名,劳动生产率(847 518元/人)排第3名,工业增加值增长率(21.9%)排第3名,工业企业利润率(5.3%)和资产负债率(64.4%)也好于广西各市的平均水平。绿色节约指数得分高的原因是单位工业增加值水耗(12.18吨水/万元)是广西各市中第2低的,单位工业增加值能耗(0.709吨标准煤/万元)是广西各市中第3低的,污水处理率(99.8%)高于广西各市平均水平。科技创新指数得分较高的主要原因是有效发明专利数（1 361 件）排广西各市第5 位，发明专利授权数（132 件）排第 6 位。成果共享指数得分较高的主要原因是社会保障参加率（36.5%）排广西各市第 3 位。对外开放方面表现比较差的主要原因是外资依存度（0.388）是广西各市中最低的，外贸依存度（0.499）也明显低于广西各市平均水平。

2017—2022 年，北海市工业高质量发展综合评价指数得分呈现波动式上升，得分都在 63.0 分以上，在 2020 年和 2022 年出现了两次下降，详见图 4-14。北海市高质量发展综合评价指数在 2021 年达到最高点 70.4，在广西各市中排第 2 位。

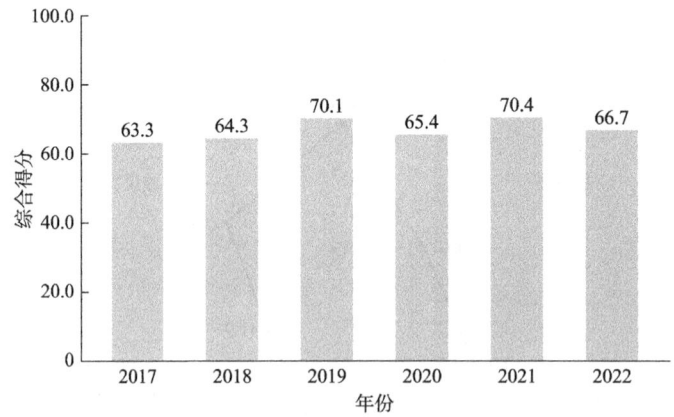

图 4-14　2017—2022 年北海市工业高质量发展综合评价指数变化情况

2017—2022 年，北海市工业高质量发展综合评价指数得分上升，主要原因是协调发展和成果共享两个指数得分明显上升，详见图 4-15。协调发展指数增大的原因是，2017—2022 年，职工收入差距从 1.937 下降到 1.155，工业产出波动从高于平均水平变成低于平均水平。成果共享指数上升的原因是就业人员平均工资和社会保障参加率都明显提高了，2017—2022 年，就业人员平均工资从 41 988 元/人提高到 74 678 元/人，社会保障参加率从 27.0% 提高到36.5%。其他指标虽然有较大波动，但 6 年内变化不大。

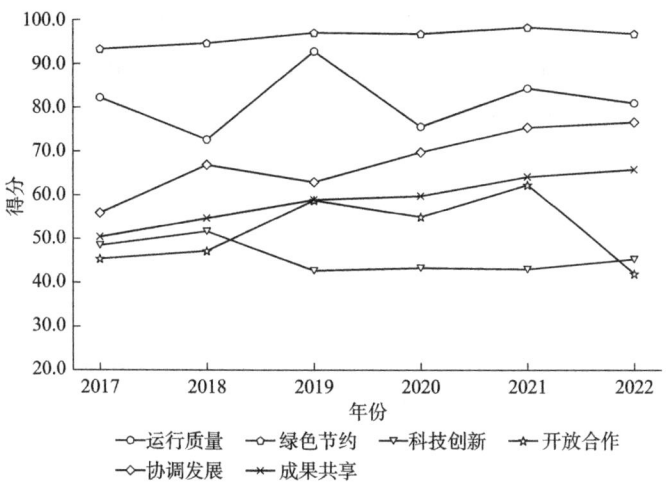

图 4-15　2017—2022 年北海市工业高质量发展水平各项指数情况

六、防城港市工业高质量发展水平分析

2022 年,防城港市工业高质量发展综合评价指数得分为 68.3,排广西各市第 2 位,各项指数得分情况,详见图 4-16。其中,成果共享和运行质量两方面表现最好,两个指数得分在广西各市中分别排第 1 位和第 2 位;开放合作和科技创新方面表现较好,两个指数得分分别排第 3 位和第 4 位;绿色节约和协调发展表现较差,两个指数得分分别排第 12 位和第 13 位。

防城港市成果共享指数得分高的主要原因是就业人员平均工资(127 877 元/人)排广西各市第 1 位,且其得分明显高于第 2 名。运行质量指数得分高的主要原因是劳动生产率(1 146 765 元/人)和工业增加值增长率(38.4%)都排广西各市第 1 位,特别是劳动生产率远高于第 2 名,地均增加值(51.32 亿元/千米^2)和资产负债率(65.2%)与广西各市平均水平差不多。开放合作指数值高的原因是外贸依存度(1.689)和外资依存度(3.455)分别排广西各市第 3 位和第 4 位。科技创新指数值较高的原因是防城港市的研发投入强度(38 561 元/人)排在广西各市第 1 位,但发明专利授权数(48 件)较少,排第13位。绿色节约指数值低的主要原因是单位工业增加值能耗（3.414吨标准煤/万元）是广西各市最高的，远高于其他城市，单位工业增加值水耗（27.34吨水/万元）在广西各市中处于中等偏高的水平。协调发展指数值低的主要原因是职工收入差距（2.219）是广西各市中最高的，明显高于其他城市，固定资产投资增速（3.8%）明显低于广西各市平均水平。

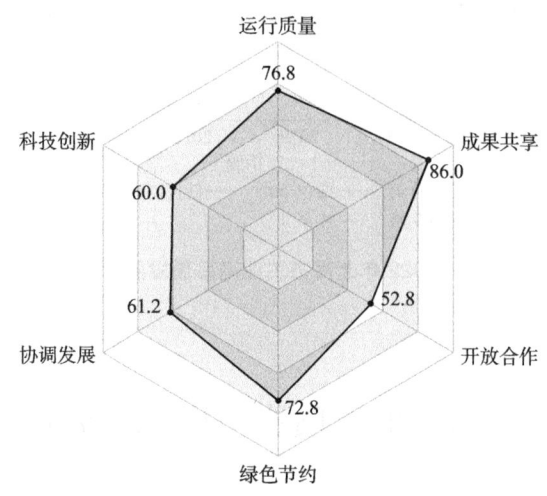

图4-16 2022年防城港市工业高质量发展水平各项得分

2017—2022年，防城港市工业高质量发展综合评价指数变化不大，总体表现比较好，各年指数均超过64分，详见图4-17。防城港市工业高质量发展综合评价指数值在2020年达到最高点70.3分，在广西各市中排第3位。虽然2021年防城港市工业高质量发展综合评价指数得分出现了下降，但2022年又出现明显反弹。

2017—2022年，防城港市工业高质量发展综合评价指数得分有波动，但2017年得分和2022年得分都是68.3分，出现波动的主要原因是绿色节约和运行质量两个指数的得分都上升了，但开放合作指数明显降低，详见图4-18。绿色节约指数的得分略有上升的原因是单位工业增加值水耗明显降低，单位工业增加值水耗从45.77吨水/万元下降到27.34吨水/万元，低于广西各市平均水平，但是单位工业增加值能耗从1.691吨标准煤/万元提高到3.414吨标准煤/万元，都是广西各市中最高的。运行质量指数上升的主要原因是，

2017—2022 年,工业增加值增长率从 8.4% 增加到 38.4%,资产负债率从 70.9% 下降到 65.2%,地均增加值从 41.84 亿元/千米^2 上升到 51.32 亿元/千米^2,劳动生产率几乎没有变化,但工业企业利润率从 6.9% 下降到 0.7%。开放合作指数得分降低的原因是外贸依存度和外资依存度都变差了,2017—2022 年,外资依存度从 77.070 下降到 3.455,外贸依存度从 2.080 下降到 1.689。

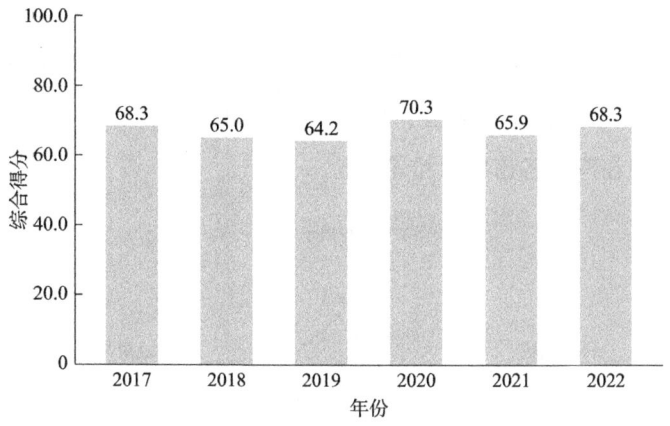

图 4-17 2017—2022 年防城港市工业高质量发展综合评价指数变化情况

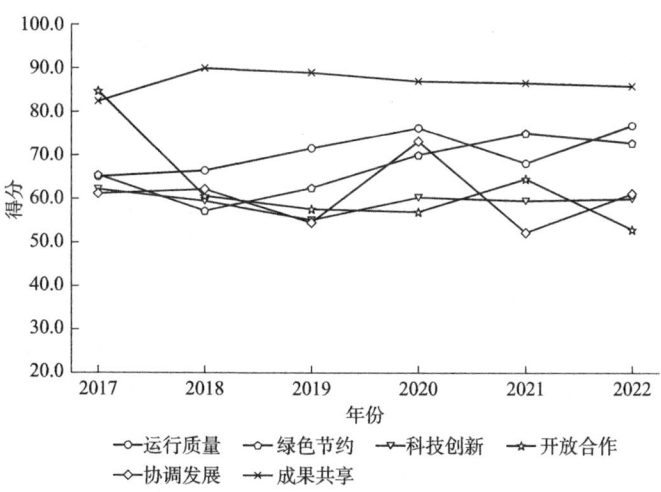

图 4-18 2017—2022 年防城港市工业高质量发展水平各项指数情况

七、钦州市工业高质量发展水平分析

2022年,钦州市工业高质量发展综合评价指数得分为60.9分,排广西各市第9位,各项指数得分情况,详见图4-19。其中,运行质量和开放合作表现较好,得分在广西各市中都排第5位;科技创新和绿色节约方面表现一般,分别排广西各市第7位和第8位;成果共享方面,排第11位。协调发展得分为75.7分,但在广西各市中仅排第9位。

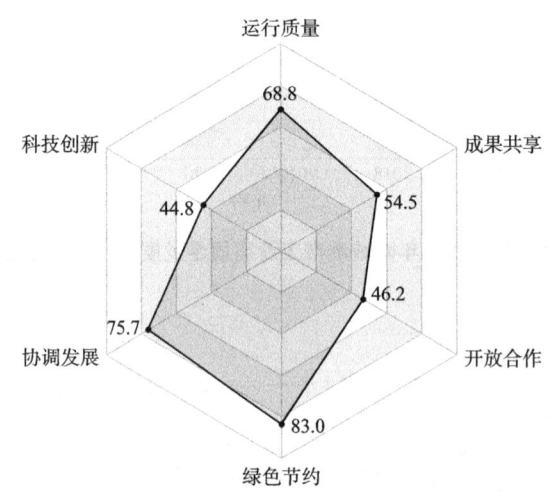

图4-19 2022年钦州市工业高质量发展水平各项得分

钦州市运行质量指数得分较高的主要原因是工业增加值增长率、劳动生产率和资产负债率都比较好,工业增加值增长率(32.2%)排广西各市第2位,劳动生产率(716 855元/人)排广西各市第4位,明显高于广西各市平均水平,资产负债率(63.2%)低于大多数城市。开放合作指数得分较高的主要原因是外贸依存度(1.236)排广西各市第4位。科技创新指数得分偏低的原因是研发投入强度(9 843元/人)、有效发明专利数(874件)和发明专利授权数(156件)都处于广西各市的中游。绿色节约指数得分偏低的原因是单位工业增加值能耗（1.727 吨标准煤/万元）是广西各市第 4 高的，单位工业增加值水耗（22.51 吨水/万元）处于广西各市的中等水平。成果共享指数值低的原因是社会保障参加率（25.8%）排广西各市第 12 位，就业人员平均工资处于中等水平。

2017—2022 年，钦州市工业高质量发展综合评价指数在 60 分上下波动，变化不大，详见图 4-20。钦州市工业高质量发展综合评价指数得分在 2021 年达到最高点 65.1 分，在广西各市中排第 6 位，是钦州市表现最好的一年。2020 年和 2022 年工业高质量发展综合评价指数得分都出现了明显下降，说明防城港市的工业高质量发展水平仍不够稳定。

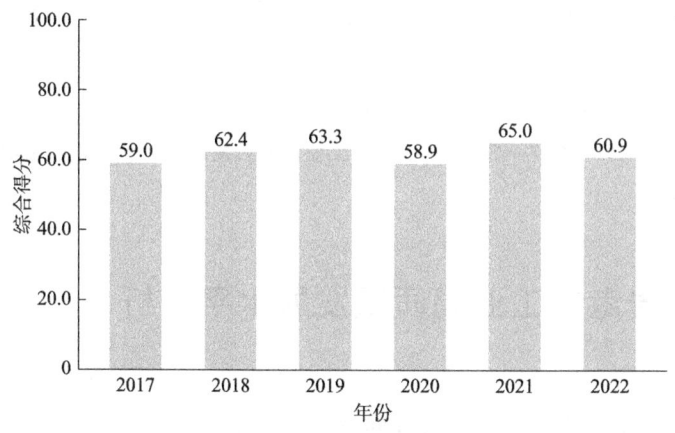

图 4-20　2017—2022 年钦州市工业高质量发展综合评价指数变化情况

2017—2022 年，钦州市工业高质量发展综合评价指数得分略有上升，主要原因是协调发展和运行质量两个指数值上升，但开放合作指数降低了，而且中间变化较大，详见图 4-21。协调发展指数上升的原因是固定资产投资增速增大了，固定资产投资增速从 14.5% 增长到 22.9%，位居第 1，职工收入差距变化很小，但工业产出波动从 13.6% 增大到 27.6%，从第 1 位降到第 3 位。运行质量指数上升的主要原因是，2017—2022 年，劳动生产率从 466 646 元/人上升到 716 855 元/人，地均增加值和工业增加值增长率都变化不大，但资产负债率从 55.7% 上升到 63.2%，仍然低于广西各市平均水平，工业企业利润率从 8.9% 下降到 2.6%。开放合作指数降低的主要原因是，2017—2022年，外资依存度从 17.70 下降到 0.915。

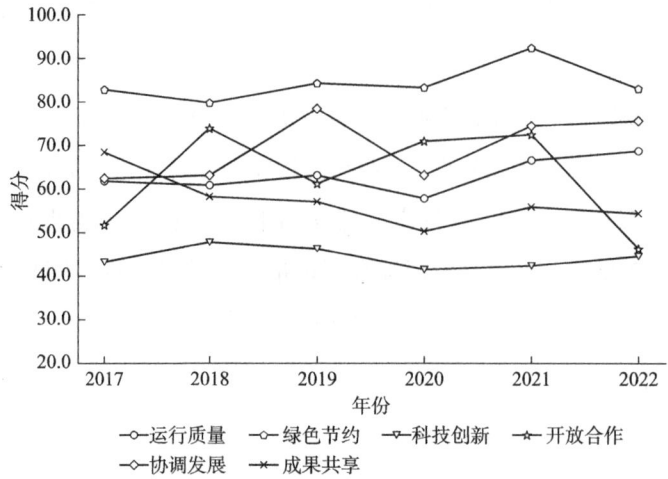

图 4-21　2017—2022 年钦州市工业高质量发展水平各项指数情况

八、贵港市工业高质量发展水平分析

2022 年，贵港市工业高质量发展综合评价指数得分为 55.1 分，排广西各市第 13 位，各项指数得分情况详见图 4-22。其中，协调发展表现较好，指数得分在各市中排第 5 位；开放合作和绿色节约表现一般，指数得分分别排第 8 位和第 9 位，科技创新和成果共享方面表现比较差，指数得分都排第 14 位。虽然绿色节约得分为 83.0 分，但在广西各市中仅排到第 9 位。

贵港市协调发展指数得分较高的主要原因是工业产出波动（7.5%）明显小于广西各市平均水平，是广西各市中第 2 低的，固定资产投资增速（6.3%）高于广西各市平均水平。开放合作表现一般的原因是外贸依存度（0.116）比较低，排第 11 位，外资依存度（2.260）也只处于中等水平。绿色节约表现一般的主要原因是单位工业增加值水耗（127.50 吨水/万元）是广西各市中第 2 高的，是广西各市平均水平的 2 倍，单位工业增加值能耗（1.084 吨标准煤/万元）处于中等水平。科技创新指数低的原因是研发投入强度仅为 4 544 元/人，排广西各市最后 1 位，有效发明专利数（733 件）和发明专利授权数（82 件）都处于中等偏下水平。成果共享指数低的原因是社会保障参加率（20.1%）和就业人员平均工资（62 263 元/人）都排广西各市最后 1 位。

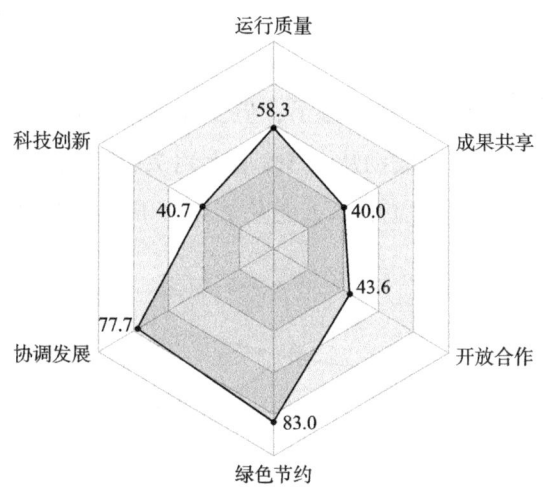

图 4-22　2022 年贵港市工业高质量发展水平各项得分

2017—2022 年，贵港市工业高质量发展综合评价指数得分呈现先上升后下降的趋势，且都低于 60.0 分，详见图 4-23。贵港市工业高质量发展综合评价指数值在 2019 年达到最高点 59.7 分，2020—2022 年指数值都在下降。

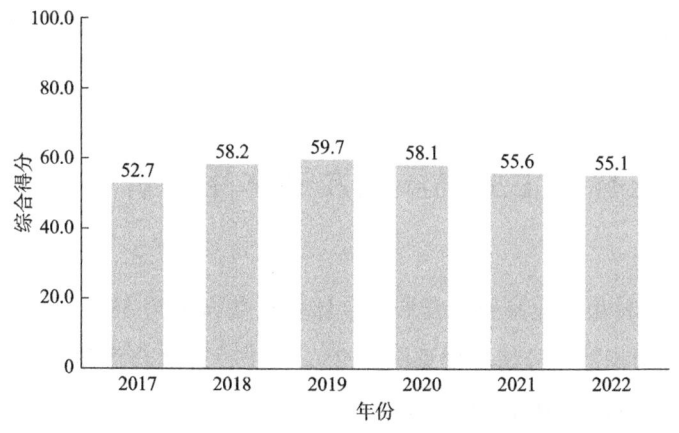

图 4-23　2017—2022 年贵港市工业高质量发展综合评价指数变化情况

2017—2022 年，贵港市工业高质量发展综合评价指数得分略有上升，主要原因是绿色节约指数得分明显上升，协调发展指数得分略有下降，其他指数变化不大，详见图 4-24。绿色节约指数上升的主要原因是污水处理率明显提高，单位工业增加值能耗明显下降，2017—2022 年，污水处理率从 76.2% 提高到 99.0%，从倒数第 2 位进入前列，单位工业增加值能耗从 1.375 吨标准煤/万元下降到 1.084 吨标准煤/万元。协调发展指数下降的主要原因是工业产出波动和固定资产投资增速都变差了，但变化速度比广西各市平均水平慢，2017—2022 年，工业产出波动从 4.5% 增大到 7.5%，固定资产投资增速从 16.9% 下降到 6.3%，但职工收入差距从 2.042 下降到 1.801。

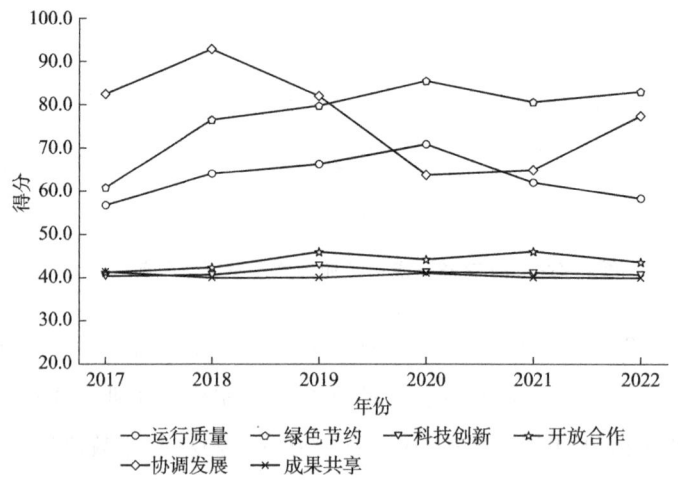

图 4-24　2017—2022 年贵港市工业高质量发展水平各项指数情况

九、玉林市工业高质量发展水平分析

2022 年玉林市工业高质量发展综合评价指数得分为 58.6 分，排广西各市第 11 位，各项指数得分情况详见图 4-25。其中，开放合作和绿色节约表现较好，得分在广西各市中分别排第 4 位和第 5 位；科技创新和协调发展方面表现也还可以，科技创新指数和协调发展指数都排第 6 位；成果共享排第 13 位。

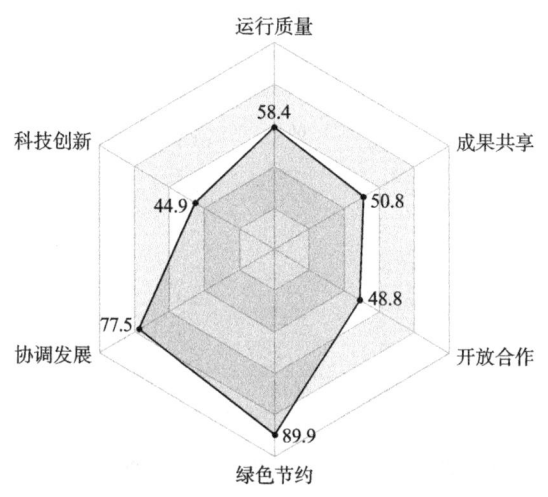

图 4-25　2022 年玉林市工业高质量发展水平各项得分

玉林市开放合作指数值较高的原因是外资依存度（5.177）排广西各市第 3 位，说明利用外资水平优于广西绝大多数城市。绿色节约指数值较高的原因是污水处理率（99.3%）高于大部分城市，单位工业增加值能耗（0.887 吨标准煤/万元）优于广西大多数城市，单位工业增加值水耗（29.01 吨水/万元）明显低于平均水平。科技创新表现较好的原因是有效发明专利数（1 598 件）和发明专利授权数（201 件）都排第 4 位，研发投入强度（7 149 元/人）比较低，玉林市的科技创新以较低的投入获得较高的产出。协调发展表现较好的主要原因是职工收入差距（1.208）较小，是广西各市中第 4 小的，固定资产投资增速（6.1%）也高于广西各市平均水平。成果共享指数值低的原因是就业人员平均工资（74 723 元/人）处于中等水平，而社会保障参加率（24.0%）较低，排第 13 位。

2017—2022 年，玉林市工业高质量发展综合评价指数得分总体变化不大，一般都在 60 分以上，但 2022 年下降得比较明显，详见图 4-26。玉林市工业高质量发展综合评价指数得分在 2019 年达到最高点 66.5，在广西各市中排第 4 位。2022 年，玉林市工业高质量发展综合指数得分明显下降，这反映了玉林市工业经济在发展中遇到了较大的困难。

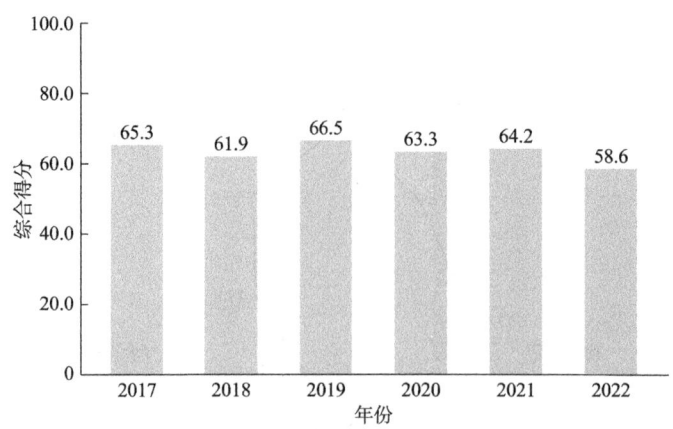

图 4-26　2017—2022 年玉林市工业高质量发展综合评价指数变化情况

2017—2022 年，玉林市工业高质量发展综合评价指数得分下降，主要原因是运行质量和协调发展两个指数值下降明显，绿色节约指数下降幅度较小，开放合作指数上升幅度较大，详见图 4-27。运行质量指数下降的主要原因是，2017—2022 年，地均增加值从 148.6 亿元/千米^2 下降到 76.60 亿元/千米^2，工业增加值增长率从 8.4% 下降到 2.7%，工业企业利润率从 10.2% 下降到 3.1%，资产负债率从 56.0% 上升到 61.7%，劳动生产率几乎没有变化。协调发展指数下降的主要原因是工业产出波动和固定资产投资增速都变差了，2017—2022 年，工业产出波动从 2.7% 增大到 24.1%，固定资产投资增速从 15.1% 下降到 6.1%，职工收入差距变化很小。绿色节约指数小幅下降的主要原因是单位工业增加值能耗明显增大，但单位工业增加值水耗明显降低，2017—2022 年，单位工业增加值能耗从 0.452 吨标准煤/万元增加到 0.887 吨标准煤/万元，单位工业增加值水耗从 52.95 吨水/万元下降到 29.01 吨水/万元，污水处理率变化很小。开放合作指数得分提高的原因是，2017—2022 年，外资依存度从 1.871 增大到 5.177。

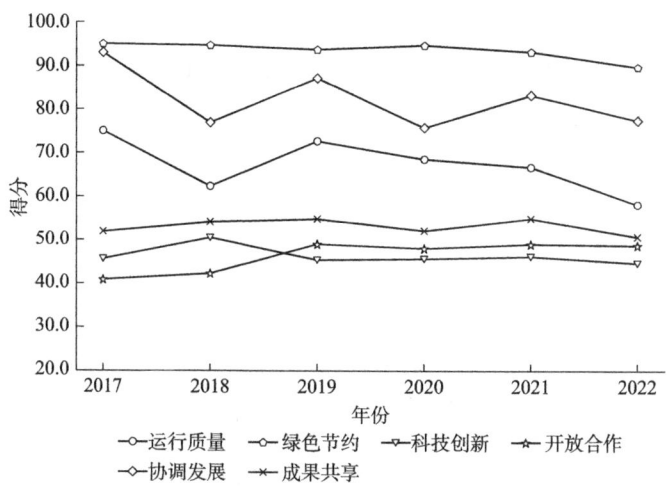

图 4-27　2017—2022 年玉林市工业高质量发展水平各项指数情况

十、百色市工业高质量发展水平分析

2022 年，百色市工业高质量发展综合评价指数得分为 61.7，排广西各市第 7 位，各项指数得分情况详见图 4-28。其中，协调发展和运行质量表现比较好，得分在广西各市中分别排第 3 位和第 4 位；成果共享和科技创新方面表现一般，成果共享指数排第 6 位，科技创新指数排第 8 位；绿色节约方面虽然得分为 72.4 分，但在广西各市中排第 13 位。

百色市协调发展指数得分较高的主要原因是职工收入差距（1.167）比较小，排在广西各市倒数第 3 位，固定资产投资增速（6.7%）高于广西各市平均水平。运行质量指数得分高的主要原因是劳动生产率、工业增加值增长率和工业企业利润率表现都比较好，都比广西各市平均水平高。劳动生产率（889 450 元/人）排广西各市第 2 位，工业企业利润率（6.0%）排第 4 位，工业增加值增长率（19.9%）排第 6 位。成果共享指数表现一般的原因是就业人员平均工资（89 624 元/人）排广西各市第 4 位，但社会保障参加率（29.7%）低于平均水平。科技创新指数表现一般的原因是研发支出投入强度

（10 311元/人）排广西各市第5位，但发明专利授权数仅有79件，有效发明专利数仅有722件，都处于中下游水平，投入产出比较低。绿色节约指数得分低的主要原因是单位工业增加值能耗（2.086吨标准煤/万元）排倒数第2位，远高于其他城市。

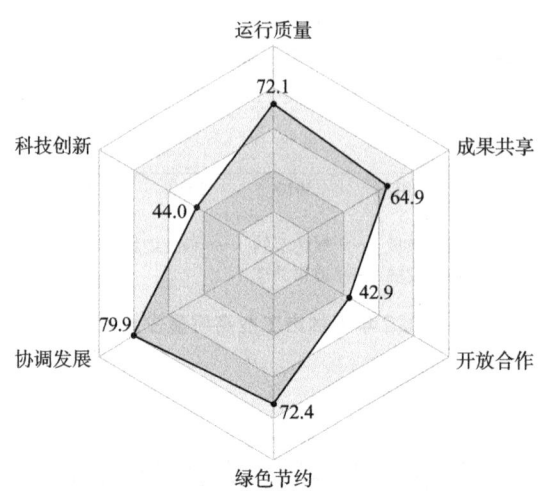

图4-28　2022年百色市工业高质量发展水平各项得分

2017—2022年，百色市工业高质量发展综合评价指数得分变化较小，2018年下降比较明显，详见图4-29。2019—2022年得分都较接近，而且稳定在61分以上，这说明百色市工业高质量发展水平在稳步提高。

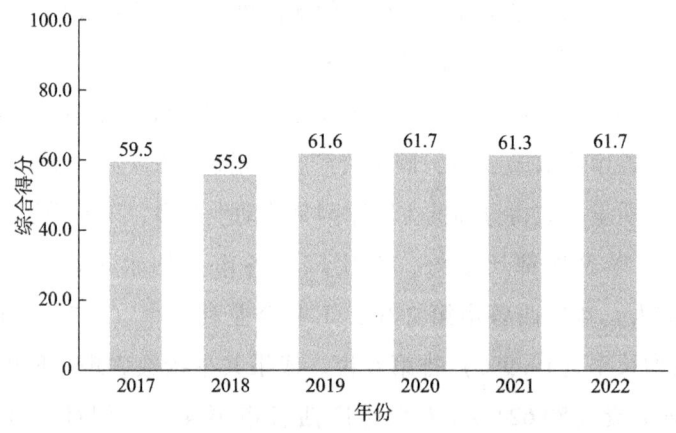

图4-29　2017—2022年百色市工业高质量发展综合评价指数变化情况

2017—2022年，百色市工业高质量发展综合评价指数得分上升，主要原因是绿色节约和协调发展两个指数值明显提高，运行质量指数波动较大，成果共享指数小幅度下降，其他指数变化不大，详见图4-30。绿色节约指数提高的原因是污水处理率和单位工业增加值水耗明显改善，2017—2022年，污水处理率从69.4%提高到98.2%，单位工业增加值水耗从45.43吨水/万元下降到21.58吨水/万元，但单位工业增加值能耗从1.452吨标准煤/万元上升到2.086吨标准煤/万元。协调发展指数增大的主要原因是工业产出波动虽然增大，但排位提前了，工业产出波动从11.9%增大到21.7%，从第2位变为第4位。运行质量指数波动的原因是，2017年到2022年，劳动生产率从831 409元/人上升到889 450元/人，工业企业利润率从4.0%上升到6.0%，但地均增加值从95.98亿元/千米^{2}下降到69.83亿元/千米^2，工业增加值增长率从35.6%下降到19.9%，资产负债率从69.3%上升到70.1%。成果共享指数小幅度下降的主要原因是社会保障参加率从27.2%上升到29.7%，从低于平均水平变成高于平均水平，就业人员平均工资从61 405元增加到89 624元，但排位从第5位上升到第4位。

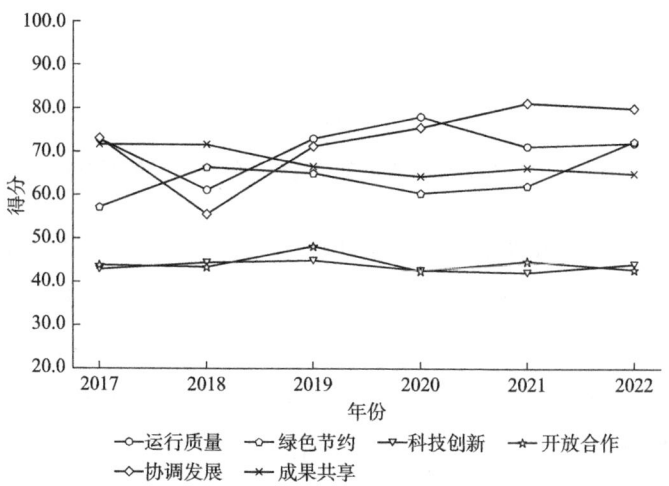

图4-30 2017—2022年百色市工业高质量发展水平各项指数情况

十一、贺州市工业高质量发展水平分析

2022年,贺州市工业高质量发展综合评价指数得分为58.9,排广西各市第10位,各项指数得分情况,详见图4-31。其中,协调发展和绿色节约方面表现比较好,两个指数得分都排第4位;运行质量表现一般,排第8位;科技创新和开放合作表现最差,得分分别排第12位和第14位。

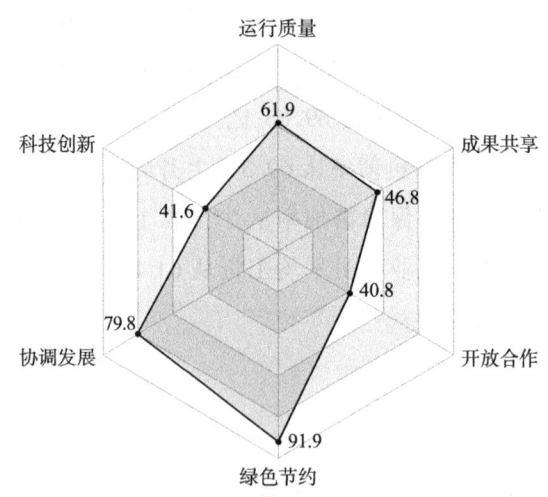

图4-31 2022年贺州市工业高质量发展水平各项得分

贺州市协调发展指数值较高的原因是工业产出波动(15.4%)比较小,是广西各市中第4低,固定资产投资增速(10.3%)排第5位,职工收入差距(1.490)与广西各市平均水平差不多。绿色节约指数值较高的原因是单位工业增加值水耗(24.40吨水/万元)和单位工业增加值能耗(1.094吨标准煤/万元)都明显低于平均水平。运行质量表现一般的原因是工业增加值增长率(14.6%)、工业企业利润率(4.9%)与广西各市平均水平差不多,劳动生产率(671 781元/人)、工业企业利润率和资产负债率(69.9%)都排第5位,资产负债率偏高。科技创新指数值较低的原因是研发投入强度(6 539元/人)、有效发明专利数(655件)和发明专利授权数(66件)表现都比较差,排名都在10名以后。开放合作方面表现比较差的原因是外贸依存度（0.092）和外资依存度（0.801）排名都比较靠后，而且都远低于平均水平。

2017—2022年，贺州市工业高质量发展综合评价指数都在60分以下，但得分总体在提高，详见图4-32。贺州市工业高质量发展综合评价指数值在2022年达到最高点58.9分，这表明贺州市工业经济发展在逐步向好。

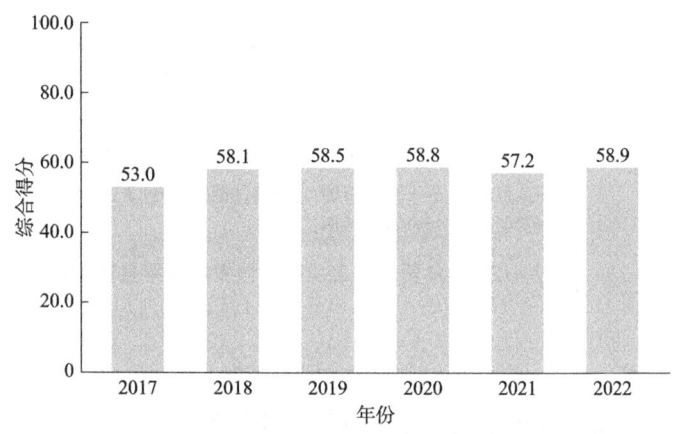

图4-32　2017—2022年贺州市工业高质量发展综合评价指数变化情况

2017—2022年，贺州市工业高质量发展综合评价指数得分逐步增大，主要原因是绿色节约、协调发展和运行质量三个指数值明显上升，其他指数变化很小，详见图4-33。绿色节约指数出现下降的主要原因是污水处理率明显提高，单位工业增加值水耗明显降低，2017—2022年，污水处理率从90.3%提高到99.6%，单位工业增加值水耗从58.67吨水/万元下降到24.40吨水/万元，单位工业增加值能耗虽然降低了，但变化较小。协调发展指数增大的主要原因是，工业产出波动虽然变大了，但变化幅度小于广西各市平均水平的变化，固定资产投资增速变化很小，但其他城市的增速降低了。2017—2022年，工业产出波动从8.6%增大到15.4%，固定资产投资增速从10.9%小幅下降到10.3%。运行质量指数上升的主要原因是，2017—2022年，劳动生产率从393 312元/人大幅上升到671 781元/人，地均增加值从19.41亿元/千米^{2}上升到34.53亿元/千米^2，工业增加值增长率从-8.7%上升到14.6%，但资产负债率从62.4%上升到69.9%，工业企业利润率变化很小。

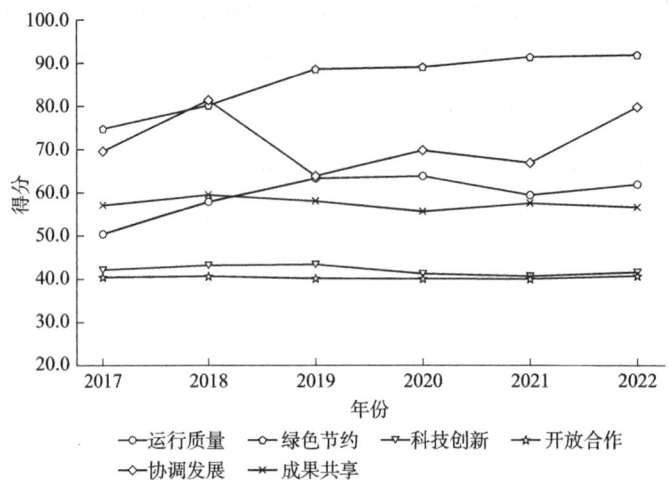

图 4-33　2017—2022 年贺州市工业高质量发展水平各项指数情况

十二、河池市工业高质量发展水平分析

2022 年，河池市工业高质量发展综合评价指数得分为 60.9 分，排广西各市第 8 位，各项指数得分情况，详见图 4-34。其中，协调发展表现最好，得分在广西各市中排第 1 位，明显高于其他城市；运行质量和绿色节约方面表现较好，分别排第 6 位和第 7 位；科技创新和成果共享表现较差，都排第 10 位。

河池市协调发展指数得分高的原因是工业产出波动（4.0%）是广西各市中最低的，固定资产投资增速（16.0%）排广西各市第 2 位，职工收入差距（1.523）与广西各市平均水平接近。运行质量指数值较高的原因是工业增加值增长率（17.4%）和工业企业利润率（8.5%）都高于广西各市平均水平，工业企业利润率排第 3 位，劳动生产率（563 830 元/人）与广西各市平均水平相当，地均增加值（36.40 亿元/千米^2）和资产负债率（70.0%）都略低于广西各市平均水平。绿色节约指数值比较高的原因是单位工业增加值能耗（0.688 吨标准煤/万元）是广西各市中第 2 低的，单位工业增加值水耗（13.21 吨水/万元）是广西各市中第 4 低的。科技创新指数值较低的主要原因是发明专利授权数（44件）排广西各市第14位，有效发明专利数（542件）排第12位。成果共享指数值较低的原因是就业人员平均工资（72 545元/人）和社会保障参加率（28.5%）排名都比较靠后。

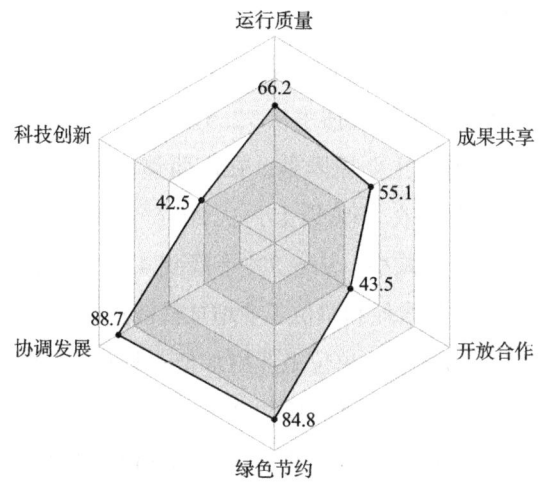

图4-34　2022年河池市工业高质量发展水平各项得分

2017—2022年，河池市工业高质量发展综合评价指数得分在60分上下波动，有稳定在60分以上的趋势，详见图4-35。河池市工业高质量发展综合评价指数得分在2019年达到最高点63.7分，在广西各市中排第8位。虽然2020年和2021年河池市工业高质量发展评价指数得分有所下降，但2022年又回到60分以上，且未来可能稳定在60分以上。

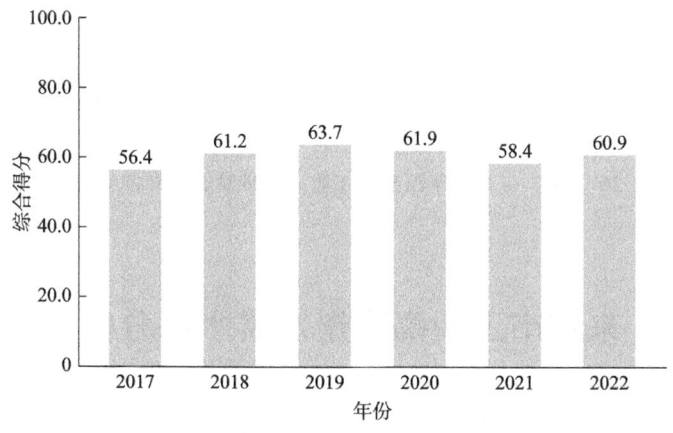

图4-35　2017—2022年河池市工业高质量发展综合评价指数变化情况

2017—2022 年，河池市工业高质量发展综合评价指数得分上升，主要原因是运行质量和协调发展两个指数值上升了，绿色节约指数波动较大，详见图 4-36。运行质量指数上升的原因是，2017—2022 年，劳动生产率从 369 347 元/人增长到 563 830 元/人，地均增加值从 27.19 亿元/千米^2 上升到 36.40 亿元/千米^2，工业增加值增长率从 14.6%增长到 17.4%，工业企业利润率从 8.0%上升到 8.5%，资产负债率从 72.5%下降到 70.0%，总体发展势头较好。协调发展指数上升的主要原因是，在广西整体固定资产投资增速下降的情况下，河池市仍然能保持在 10%以上，从 2017 年的 12.2%增长到 2022 年的 16.0%，工业产出波动明显减小，从 6.2%下降到 4.0%。绿色节约指数出现波动的原因是单位工业增加值水耗和单位工业增加值能耗明显降低，但污水处理率出现明显下降。2017—2022 年，单位工业增加值水耗从 51.94 吨水/万元下降到 13.21 吨水/万元，单位工业增加值能耗从 0.826 吨标准煤/万元下降到 0.688 吨标准煤/万元，污水处理率变化不大，但排名从第 6 位降到第 11 位。

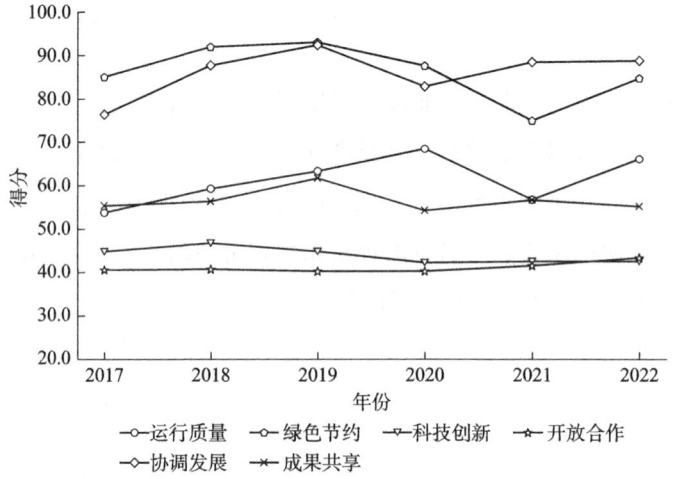

图 4-36 2017—2022 年河池市工业高质量发展水平各项指数情况

十三、来宾市工业高质量发展水平分析

2022 年，来宾市工业高质量发展综合评价指数得分为 53.1 分，在广西各

市中排第14位,各项指数得分情况,详见图4-37。其中,运行质量、协调发展和绿色节约三个指数得分在广西各市中都排第11位,成果共享指数排第12位,科技创新和开放合作两个指数都排第13位。

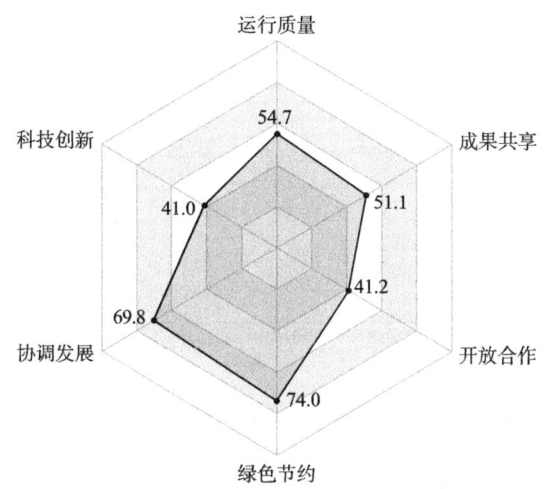

图4-37　2022年来宾市工业高质量发展水平各项得分

来宾市运行质量指数表现较差的原因是工业增加值增长率(23.8%)表现比较好,排广西各市第3位,但劳动生产率(365 180元/人)、地均增加值(24.30亿元/千米^2)和工业企业利润率(2.1%)都比广西各市平均水平明显要低,资产负债率(71.5%)是广西各市中第2高。协调发展指数表现较差的原因是,固定资产投资增速(10.5%)高于广西各市平均水平,排第4位,但职工收入差距(1.823)和工业产出波动(22.1%)排名都比较靠后。绿色节约表现较差的原因是单位工业增加值水耗(460.80吨水/万元)排广西各市中第1位,污水处理率(100%)也排第1位,单位工业增加值能耗(1.962吨标准煤/万元)比绝大部分广西城市要高,排第3位。科技创新指数值较低的主要原因是,有效发明专利数(514件)排第14位,发明专利授权数(61件)和研发投入强度(5 917元/人)都排广西各市第13位。开放合作数值较低的主要原因是外贸依存度(0.078)排第14位。

2017—2022年,来宾市工业高质量发展综合评价指数变化幅度很小,稳定在51~54分,详见图4-38。来宾市工业高质量发展综合评价指数值在2019

年达到最高点53.8分,但在广西各市中排第14位,这说明来宾市工业高质量发展水平比较低。

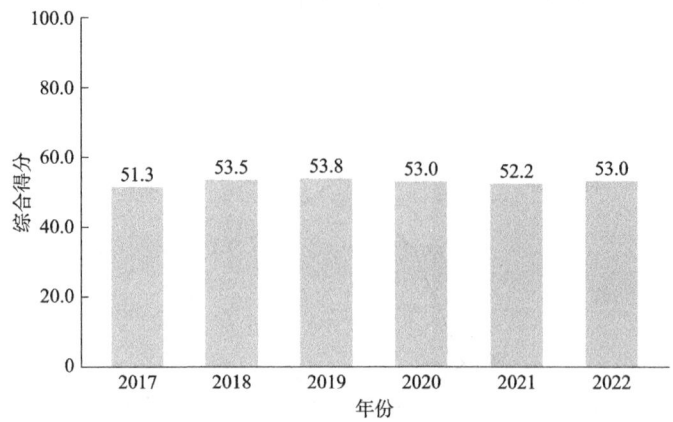

图4-38 2017—2022年来宾市工业高质量发展综合评价指数变化情况

2017—2022年,来宾市工业高质量发展综合评价指数变化不大,主要原因是运行质量和绿色节约两个指数值上升了,但成果共享和协调发展两个指数值均下降了,其他指数变化不大,详见图4-39。运行质量指数上升的原因是,2017—2022年,工业增加值增长率从14.3%增长到23.8%,工业企业利润率从-0.1%上升到2.1%,资产负债率从82.4%下降到71.5%,但其他指标变差了,劳动生产率从463 420元/人下降到365 180元/人,地均增加值从27.30亿元/千米^{2}下降到24.30亿元/千米^2。绿色节约指数上升的主要原因是污水处理率明显提高了,2017—2022年,污水处理率从88.1%提高到100.0%,但单位工业增加值水耗和单位工业增加值能耗明显增大,单位工业增加值水耗从370.00吨水/万元增加到460.80吨水/万元,单位工业增加值能耗从1.516吨标准煤/万元增加到1.962吨标准煤/万元。成果共享指数下降的原因是,2017—2022年,就业人员平均工资和社会保障参加率虽然都提高了,但与广西各市平均水平的差距拉大了。协调发展指数下降的原因是,工业产出波动、职工收入差距和固定资产投资增速三个指标都变差,2017—2022年,工业产出波动从8.9%增加到22.1%,职工收入差距从1.487增加到1.823,固定资产投资增速从16.5%下降到10.5%。

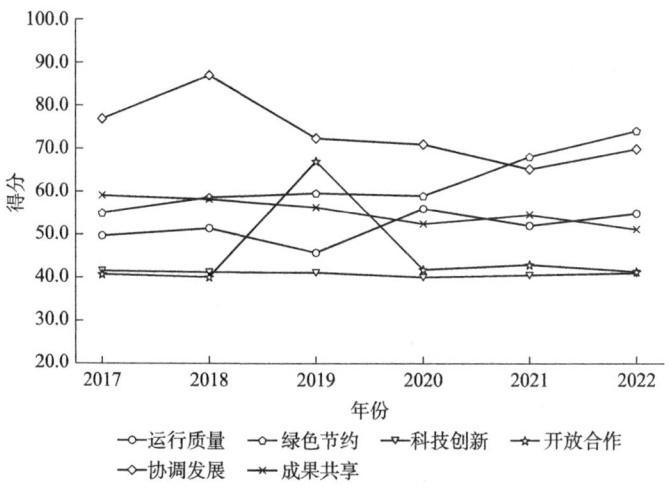

图4-39 2017—2022年来宾市工业高质量发展水平各项指数情况

十四、崇左市工业高质量发展水平分析

2022年,崇左市工业高质量发展综合评价指数得分为65.5分,排广西各市第4位,各项指数得分情况详见图4-40。其中,开放合作和运行质量表现最好,得分在广西各市中分别排第1位和第3位;协调发展方面表现一般,排第10位;绿色节约方面表现最差,绿色节约指数排第14位。

崇左市开放合作指数得分高的原因是外贸依存度(6.813)排广西各市第1位,外资依存度(9.118)排广西各市第2位,这与崇左是对越南的开放门户有密切关系。运行质量指数得分高的原因是地均增加值、工业增加值增长率、工业企业利润率和资产负债率四个指标表现都优于广西各市平均水平,工业企业利润率(9.5%)排第1位,资产负债率(62.7%)是第3低,地均增加值(51.72亿元/千米^2)和工业增加值增长率(21.1%)都排第4位,劳动生产率(424 332元/人)处于中下游水平。协调发展指数表现一般的原因是,工业产出波动(39.8%)排第1位,产出波动性过大,固定资产投资增速(15.7%)排第3位,职工收入差距(1.233)排广西各市倒数第5位。绿色节约指数值低的原因是污水处理率（97.4%）是广西各市中最低的，单位工业增加值能耗（1.035吨标准煤/万元）和单位工业增加值水耗（21.79吨水/万元）处于中等水平。

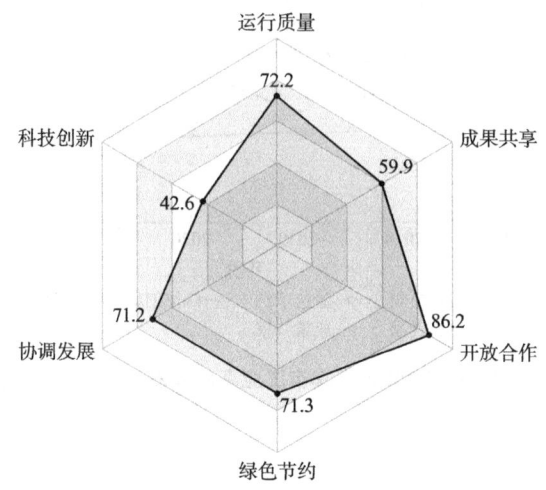

图4-40　2022年崇左市工业高质量发展水平各项得分

2017—2022年，崇左市工业高质量发展综合评价指数得分在广西各市中比较靠前，虽然2019—2022年下降了，但仍基本保持在65分以上，详见图4-41。崇左市的工业高质量发展综合评价指数值在2018年达到最高点72.4分，在广西各市中排第3位；2019年，指数值明显下降，排广西各市第6位，其他各年都排第3位或第4位，这反映崇左市工业发展质量还是比较高的。

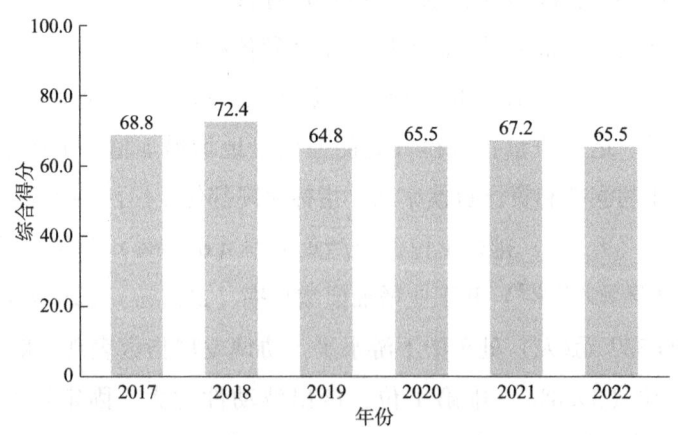

图4-41　2017—2022年崇左市工业高质量发展综合评价指数变化情况

2017—2022年,崇左市工业高质量发展综合评价指数得分下降,主要原因是开放合作指数上升,但运行质量、协调发展和绿色节约三个指数值都下降了,其他指数变化不大,详见图4-42。开放合作指数上升的原因是外贸依存度和外资依存度都提高了,2017—2022年,外贸依存度从4.002提高到6.813,外资依存度从0.408提高到9.118,远高于广西其他城市,这说明崇左市对自身区位优势的利用越来越好。运行质量指数下降的原因是各指标都变差了,2017—2022年,劳动生产率从711 745元/人下降到424 232元/人,地均增加值从137.7亿元/千米^{2}下降到51.72亿元/千米^2,工业增加值增长率从30.1%下降到21.1%,工业企业利润率从21.0%下降到9.5%,资产负债率从56.1%上升到62.7%。虽然崇左市工业高质量发展的各项指标都变差了,但大部分指标仍然优于广西各市平均水平。协调发展指数下降的主要原因是工业产出波动变大,2017—2022年,工业产出波动从10.5%增加到39.8%,固定资产投资增速从16.7%下降到15.7%,职工收入差距变化不大。绿色节约指数下降的主要原因是污水处理率和单位工业增加值水耗排位下降,2017—2022年,单位工业增加值水耗从40.47吨水/万元下降到21.79吨水/万元,从第4位变为第5位;污水处理率提高,从第8位变为第14位,单位工业增加值能耗变化不大,但排位前进了。

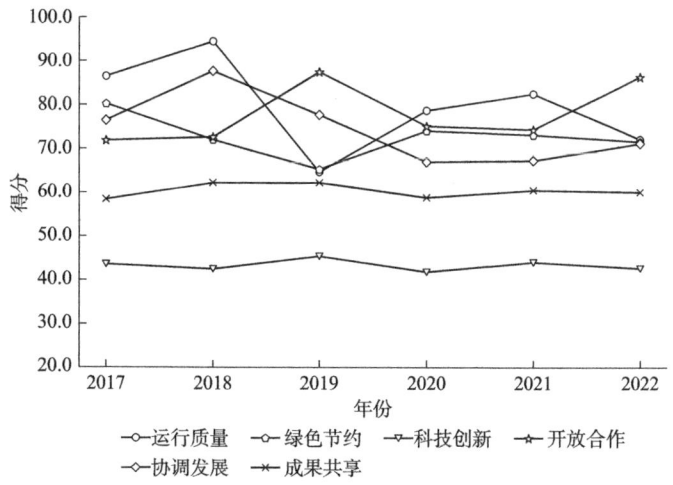

图4-42 2017—2022年崇左市工业高质量发展水平各项指数情况

第五章
广西各市工业高质量发展存在的问题

本书上一部分通过构建综合评价指标体系，对广西各市的工业高质量发展水平进行了综合评价。从综合评价结果来看，广西各市工业高质量发展水平并不高，主要的不足是在科技创新、开放合作、运行质量和成果共享等方面表现较差。通过进一步分析表现较差的一级指标所属的二级指标的原始数据，可以探究广西各市工业高质量发展存在的问题。通过深入分析和总结，广西各市工业高质量发展主要存在如下问题。

一、工业企业负担较重，经济效益偏低

广西的工业企业面临资产负债率高、财务费用占比较高且下降较慢、利润率下降较快和劳动生产率提高较慢等问题，这严重影响工业经济高质量发展。2011—2022年，广西工业企业资产负债率不仅出现了明显的上升，而且都保持在62%以上的高位，高于全国平均水平，详见图5-1。2022年，广西工业企业财务费用占比为0.95%，全国平均水平为0.72%，这说明广西工业企业债务负担沉重。2011—2022年，广西工业企业利润率出现大幅度下降，而全国平均水平下降幅度远小于广西，详见图5-2。2011—2022年，广西工业企

业劳动生产率提高了 47.4%，而全国平均水平提高了 143.0%，广西 2022 年几乎没有增长。

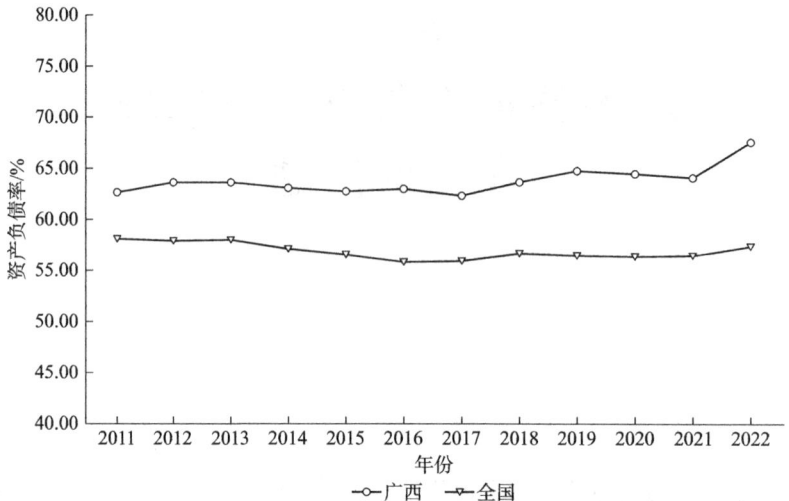

图 5-1　广西与全国规模以上工业企业资产负债率比较

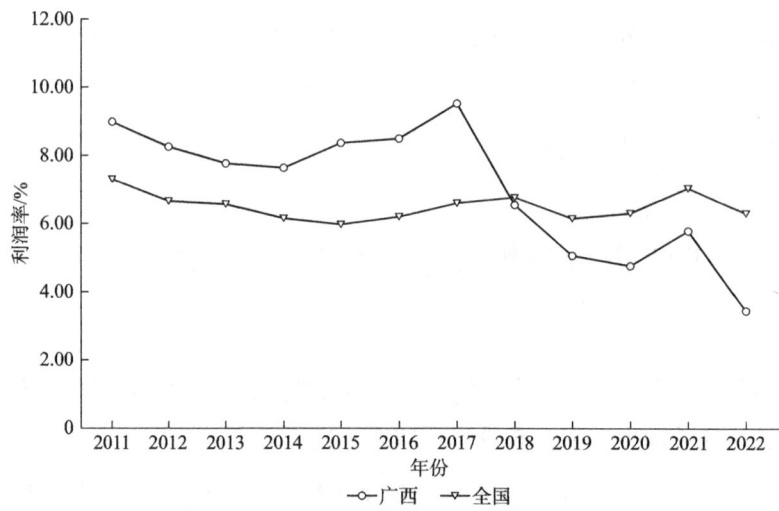

图 5-2　广西与全国规模以上工业企业利润率比较

2011—2022 年，广西规模以上工业企业资产负债率出现了明显的上升趋势，从 62.7% 上升到 67.6%（2022 年位居全国第 3），上升了 4.9 个百分点。

与此同时，全国的工业企业资产负债率从58.1%下降到57.4%，下降了0.7个百分点，比广西低10.2个百分点，详见图5-1。从广西各市情况来看，规模以上工业企业资产负债率都明显高于全国平均水平，而且柳州市、来宾市与百色市甚至达到70%以上，低于60%的只有贵港市，详见表5-1。广西各市规模以上工业企业财务费用占比低于全国平均水平的只有柳州市、北海市和梧州市，河池市和来宾市甚至高于1.5%，是全国水平的1倍以上。

表5-1　2022年广西各市工业主要经济效益指标情况

城市	劳动生产率/（元/人）	利润率/%	资产负债率/%	财务费用占比/%
南宁市	328 299	2.2	69.8	0.96
柳州市	456 836	0.3	74.8	0.21
桂林市	300 824	3.7	64.9	1.00
梧州市	448 036	8.6	63.3	0.62
北海市	847 518	5.3	64.4	0.60
防城港市	1 146 765	0.7	65.2	1.06
钦州市	716 855	2.6	63.2	0.90
贵港市	415 952	4.4	59.3	0.84
玉林市	300 421	3.1	61.7	0.86
百色市	889 450	6.0	70.1	1.25
贺州市	671 781	4.9	69.9	1.39
河池市	563 830	8.5	70.0	1.77
来宾市	365 180	2.1	71.5	1.54
崇左市	424 232	9.5	62.7	1.38
中位数	**452 436**	**4.1**	**65.1**	**0.98**
全国平均	517 313	6.3	57.4	0.72

注：利润率=净利润÷销售收入×100%，财务费用占比=财务费用÷销售收入×100%。

2011—2022年，广西规模以上工业企业利润率出现大幅度下降，从9.0%下降到3.4%，下降5.6个百分点。与此同时，全国平均水平从7.3%下降到6.3%，仅下降1个百分点。广西规模以上工业企业利润率从明显高于全国平均水平到明显低于全国平均水平，反映了广西工业经济发展面临的困难局面。从广西各市情况来看，只有崇左市、梧州市和河池市的规模以上工业企业利润率高于全国平均水平，防城港市、来宾市、南宁市和钦州市甚至低于3.0%，详见表5-1。

2011—2022年，广西工业企业劳动生产率提高了47.4%，从33.45万元/人上升到49.29万元/人。与此同时，全国平均水平从21.29万元/人上升到51.73万元/人，提高幅度为143.0%。广西工业企业劳动生产率从全国平均水平的1.57倍下降到0.95倍，而且2022年几乎没有增长。从广西各市情况来看，只有防城港市、百色市、北海市、钦州市、贺州市和河池市的工业企业劳动生产率高于全国平均水平，玉林市、桂林市、南宁市和来宾市还不到40万元/人，详见表5-1。

二、工业增长方式粗放，资源能源消耗较高

近年来，面临经济下行压力，广西为了维持工业经济较高的增长速度，主要通过资源、能源等要素高投入来实现规模扩张，导致资源能源消耗大、利用效率低。广西的单位工业增加值能耗2011—2017年出现明显下降，但2018—2022年又大幅度上升，详见图5-3。广西单位工业增加值水耗2011—2022年出现大幅度下降，但下降幅度低于全国平均水平。2011—2022年，广西地均增加值提高幅度较小，而全国平均水平提高幅度很大。这说明广西的资源和能源消耗明显高于全国平均水平，工业经济发展的绿色节约水平不高。

2017—2022年，广西单位工业增加值能耗从0.789吨标准煤/万元上升到1.230吨标准煤/万元，上升了55.9%。与此同时，全国的单位工业增加值能耗从2017年的1.099吨标准煤/万元下降到2021年[1]的0.931吨标准煤/万元，

---

[1] 本书定稿时我国2022年的工业能源消耗量还未公布，因此工业能耗指标采用2021年的数据进行分析。2021年广西单位工业增加值能耗为1.387吨标准煤/万元。

下降了15.3%,详见图5-3。2021年,广西的单位工业增加值能耗是全国平均水平的1.49倍,广西的工业能耗指标不仅没有下降,反而上升了。从广西各市情况来看,只有柳州市、桂林市、梧州市、南宁市、河池市、北海市和玉林市的单位工业增加值能耗低于全国平均水平,防城港市、来宾市的单位工业增加值能耗是全国平均水平的两倍以上,详见表5-2。

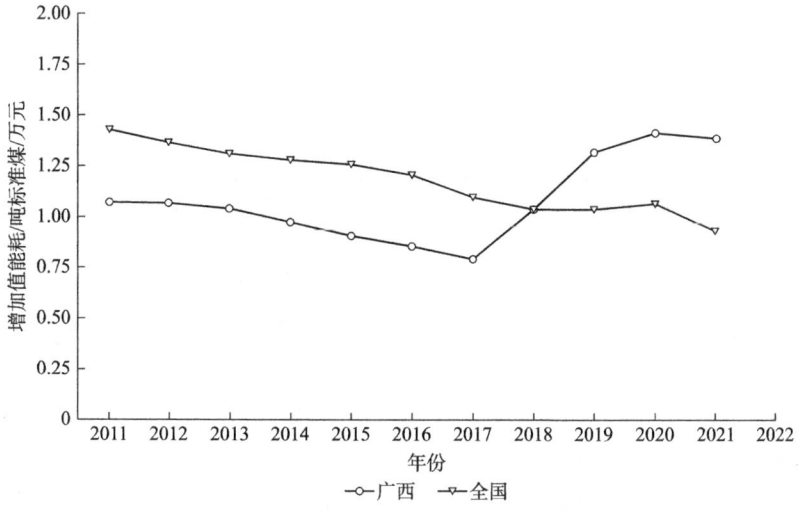

图5-3 广西与全国单位工业增加值能耗比较

表5-2 2022年广西各市工业消耗资源情况

城市	单位工业增加值能耗/(吨标准煤/万元)	单位工业增加值水耗/(吨水/万元)	地均增加值/(亿元/千米²)
南宁市	0.744	91.29	35.0
柳州市	0.897	12.28	18.4
桂林市	0.778	28.66	23.9
梧州市	0.457	10.96	43.0
北海市	0.709	12.18	138.0
防城港市	3.414	27.34	51.3
钦州市	1.727	22.51	24.0
贵港市	1.084	127.50	29.7
玉林市	0.887	29.01	76.6

续表

城市	单位工业增加值能耗/(吨标准煤/万元)	单位工业增加值水耗/(吨水/万元)	地均增加值/(亿元/千米^2)
百色市	2.086	21.58	69.8
贺州市	1.094	24.40	34.5
河池市	0.688	13.21	36.4
来宾市	1.962	460.78	24.3
崇左市	1.035	21.79	51.7
中位数	**1.132**	**23.45**	**35.7**
全国平均	**0.931**	**24.11**	**35.2**

注：单位工业增加值能耗是2021年的数据，本书定稿时我国2022年的工业能源消耗量还未公布。

表5-3　2022年广西各市工业经济效率指标情况

城市	工业产出波动	固定资产投资增速/%	工业增加值增长率/%
南宁市	0.169	-17.8	-0.6
柳州市	0.088	-7.0	1.3
桂林市	0.172	0.8	7.0
梧州市	0.376	6.4	-1.4
北海市	0.198	-4.6	21.9
防城港市	0.204	3.8	38.4
钦州市	0.276	22.9	32.2
贵港市	0.075	6.3	1.2
玉林市	0.241	6.1	2.7
百色市	0.217	6.7	19.9
贺州市	0.154	10.3	14.6
河池市	0.040	16.0	17.4
来宾市	0.221	10.5	23.8
崇左市	0.398	15.7	21.1
中位数	**0.201**	**6.4**	**16.0**
全国平均	**0.066**	**9.1**	**3.4**

注：工业产出波动为近5年工业增加值增长率的标准差。

2011—2022年，广西单位工业增加值水耗从119.37吨水/万元下降到46.65吨水/万元，下降了60.9%，下降幅度较大。与此同时，全国的单位工业增加值水耗从74.91吨水/万元下降到24.11吨水/万元，下降了48.31%。2022年，广西的单位工业增加值水耗是全国平均水平的0.93倍，广西的工业水耗指标下降幅度没有全国下降的幅度大。虽然广西水资源比较丰富，但水耗高说明工业的科技水平相对较低。从广西各市情况来看，来宾市、贵港市和南宁市的单位工业增加值水耗既高于全国平均水平，也高于广西平均水平。广西其他城市的单位工业增加值水耗并不高，详见表5-2。

2011—2022年，广西地均增加值从33.76亿元/千米^{2}上升到34.47亿元/千米^2，上升了2.1%，提高幅度很小。与此同时，全国的地均增加值从22.38亿元/千米^{2}提高到35.19亿元/千米^2，提高了57.2%。虽然2022年广西的地均增加值与全国平均水平差不多，但2011—2022年广西的地均增加值几乎没有提高，说明广西工业的土地资源利用效率并没有随着经济发展水平提高而提高。从广西各市情况来看，仅有梧州市、北海市、防城港市、玉林市、百色市、崇左市和河池市的地均增加值高于全国平均水平，柳州市、桂林市、钦州市和来宾市的地均增加值既远低于全国平均水平，也远低于广西平均水平，详见表5-2。

三、新旧动能转换不畅，产业转型升级面临困难

广西虽然早已提出工业转型升级的发展战略，但总体步伐缓慢、新旧动能转换不畅，产业转型升级困难。广西高新技术产业和战略性新兴产业占比偏低，工业企业新产品销售收入占销售总收入的比重和新产品出口收入占销售总收入的比重都偏低，虽然近十几年有了上升，但新产品销售收入占销售总收入的比重提高的速度不如全国平均水平提高得快，新产品出口收入占销售总收入的比重仍然与全国平均水平差距相当大，详见图5-4和图5-5。

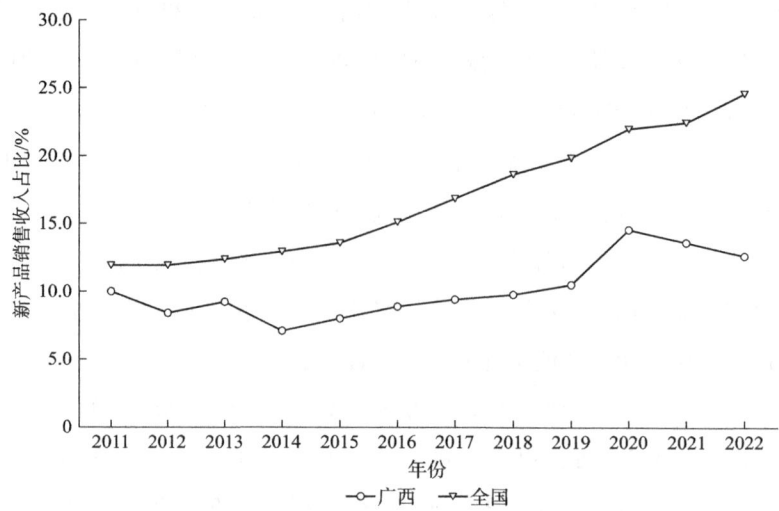

图 5-4　广西与全国工业企业新产品销售收入占销售总收入的比重

2011—2022 年，广西工业企业新产品销售收入占销售总收入的比重从 10.0% 增长到 12.7%，上升了 27.0%，而全国平均水平从 11.9% 增长到 24.6%，上升了 106.7%，差距大幅度拉大，详见图 5-4。同期，广西工业企业新产品出口收入占销售总收入的比重从 0.5% 增长到 1.1%，全国平均水平从 2.4% 增长到 4.2%，广西仅有全国平均水平的 25.4%，详见图 5-5。

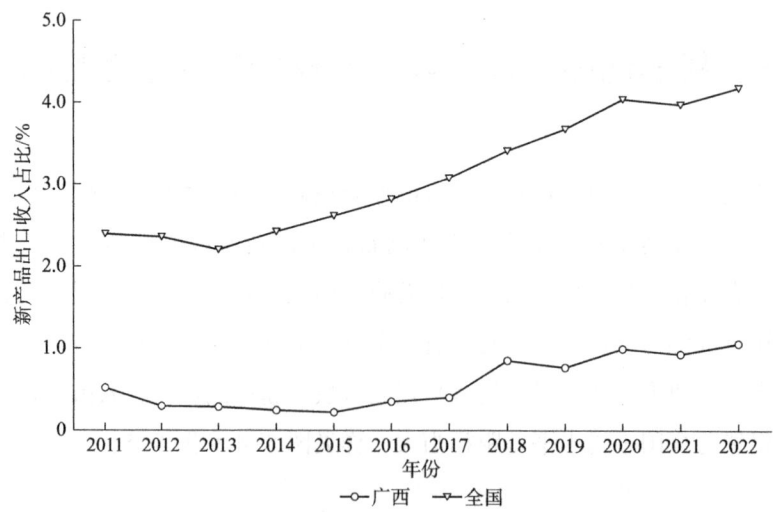

图 5-5　广西与全国工业企业新产品出口收入占销售总收入的比重

2022年，广西工业企业产出波动远高于全国平均水平0.066，只有河池市低于全国平均水平，见表5-3。作为自治区首府和工业中心的南宁市和柳州市，国有企业固定资产投资增速和工业增加值增长率都远低于全国平均水平，拉低了广西全区的工业发展速度。

广西高新技术产业和战略性新兴产业占比偏低，与全国平均水平仍然有不小的差距，经济效益方面差距更大。2022年，广西的高新技术产业营业收入占规模以上工业企业营业收入的比重为5.7%，明显低于全国平均水平7.0%。2022年，广西的高新技术产业利润率仅为8.0%，不到全国平均水平16.8%的一半。广西的高新技术产业利润率在各省（区、市）中排第25位，明显低于云南省的11.6%和贵州省的7.3%。广西的战略性新兴产业新产品生产供给能力偏弱，处于低端产业的比重较高、产品附加值偏低。新一代信息技术产业企业以来料加工和终端组装为主，高附加值产品占比较低。

四、研发投入不足，创新要素集聚能力不强

随着广西高质量发展战略的逐步实施，研发经费投入实现总量和强度双增长，高技术制造业高速增长，成为经济增长重要引擎。但是，广西的工业经济仍然存在研发投入和新产品开发投入不足等问题，导致新产品销售收入占比和新产品出口收入占比较低，不利于工业经济可持续发展。2011—2022年，广西规模以上工业企业研发投入占销售收入的比重有了明显的上升，但提高速度远不如全国平均水平，详见图5-6。2011—2022年，广西规模以上工业企业新产品开发经费支出占销售收入的比重有了大幅度的提高，但提高速度明显不如全国平均水平，详见图5-7。2022年，广西规模以上工业企业研发经费支出占销售收入的比重在全国排第24位，广西规模以上工业企业新产品开发经费支出占销售收入的比重在全国排第23位，广西工业企业研发投入和创新能力不足，导致企业产品更新换代慢，经济效益和利润率偏低，严重制约了高质量发展。

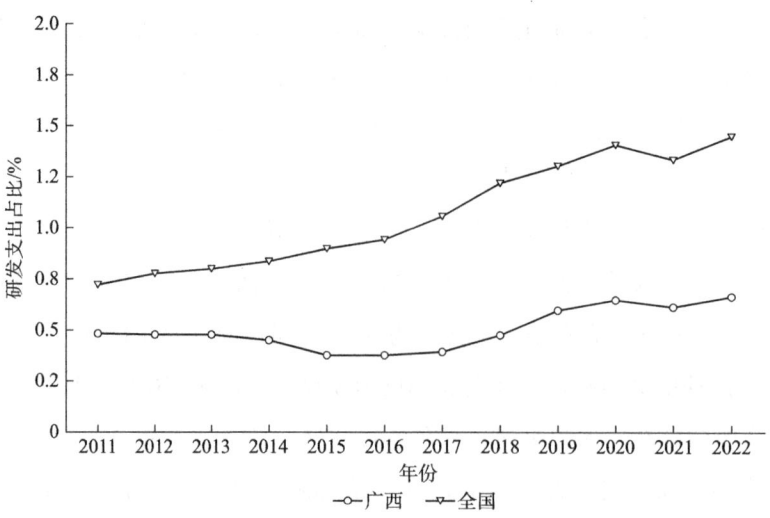

图 5-6　广西与全国规模以上工业企业研发支出占销售收入的比重

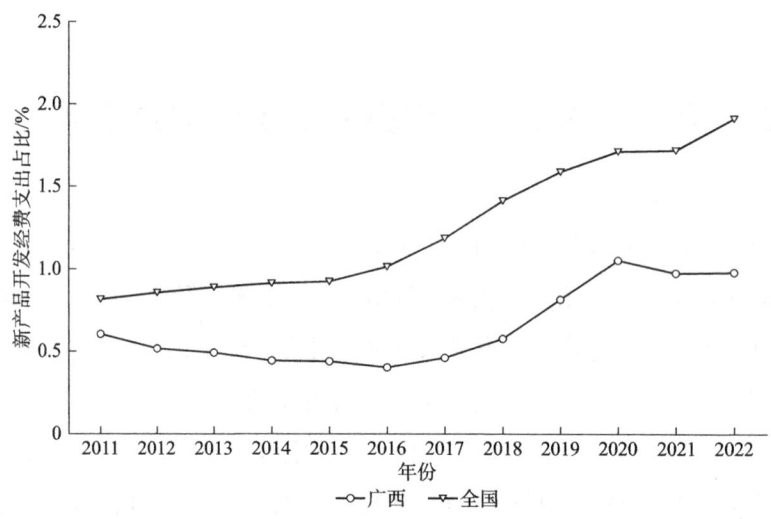

图 5-7　广西与全国工业企业新产品开发经费支出占销售收入的比重

2011—2022 年，广西规模以上工业企业研发支出占比出现了明显的上升趋势，从 0.48% 上升到 0.67%，占比提高了 39.58%。与此同时，全国的工业企业研发支出占比从 0.71% 上升到 1.45%，占比提高了 104.2%，详见图 5-6。2022 年，广西研发经费投入强度偏低，与周边省份相比已形成"研发洼地"，比云南省（1.0%）、贵州省（1.3%）、湖南省（2.2%）和广东省

第五章 广西各市工业高质量发展存在的问题

(1.8%)都要低。研发人员数量少也是广西工业经济发展面临的重要障碍。2022年,广西规模以上工业企业研发人员全时当量为37 341人/年,研发人员占企业平均用工人数的比重仅为2.6%,在全国排第24位。从广西各市情况来看,绝大多数市的工业企业研发支出占比[1]都远低于全国平均水平,只有南宁市高于全国平均水平,这与南宁市是广西教育和科技中心及强首府战略有关,贺州市、贵港市、北海市、百色市、钦州市和梧州市甚至低于1.5%,广西各市的中位数仅为1.6%,详见表5-4。

表5-4　2022年广西各市科技创新情况

城市	工业增加值/亿元	研发支出/亿元	研发支出占比/%	有效发明专利数/件	单位工业增加值有效发明专利数/(件/亿元)
南宁市	641	65.08	10.2	11 822	18.44
柳州市	1 067	57.08	5.3	4 793	4.49
桂林市	314	19.67	6.3	6 390	20.35
梧州市	493	6.76	1.4	790	2.12
北海市	690	7.82	1.1	1 361	1.97
防城港市	464	15.62	3.4	684	1.47
钦州市	520	7.14	1.4	874	1.68
贵港市	438	4.78	1.1	733	1.67
玉林市	400	9.52	2.4	1 598	4.00
百色市	663	7.68	1.2	722	1.09
贺州市	283	2.75	1.0	655	2.31
河池市	265	4.13	1.6	542	2.05
来宾市	213	3.45	1.6	514	2.41
崇左市	326	6.46	2.0	516	1.58
中位数	451	7.41	1.6	804	2.08
全国平均	1 206	93.44	7.7	5 949	4.93

注：单位工业增加值发明专利授权数=发明专利授权数÷工业增加值。

[1] 广西各市的研发总支出除以工业增加值,未找到广西各市的工业企业研发支出的数据。

2011—2022年,广西工业企业新产品开发经费支出占比出现明显上升,从0.61%上升到0.99%,上升了62.3%。与此同时,全国工业企业新产品开发经费支出占比从0.81%上升到1.92%,上升了137.0%,详见图5-7。结果导致新产品销售收入占比和新产品出口收入占比较低,产品竞争力和企业竞争力下降,企业在市场竞争中处于不利地位。

2011—2022年,广西单位工业增加值有效发明专利数出现明显上升,从0.196上升到1.877,上升了857.7%。与此同时,全国单位工业增加值有效发明专利数从1.030上升到4.932,上升了378.8%,详见图5-8。广西的工业企业在研发投入的产出与全国平均水平差距较大,还需要持续不断地追赶。从广西各市情况来看,只有桂林市和南宁市的单位工业增加值有效发明专利数明显高于全国平均水平,柳州市与全国平均水平比较接近,其他市都远低于全国平均水平,详见表5-4。这说明广西各市之间的科技创新产出水平差异相当大。

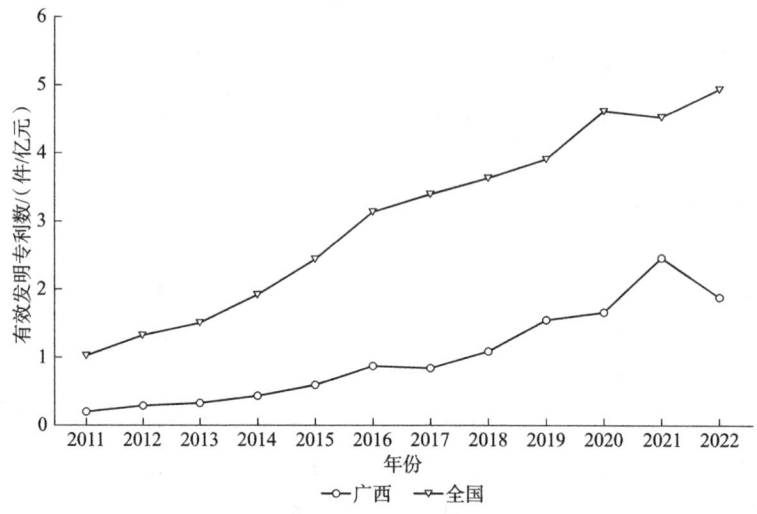

图5-8 广西与全国单位工业增加值有效发明专利数

五、对外开放水平不高,区位优势未得到充分发挥

广西背靠中南、西南,拥抱北部湾,与大湾区相融,是国家面向东盟开放合作的前沿和窗口,区位优势突出。广西的工业经济外贸依存度和外资依存度❶并不高,还没有达到全国平均水平。2011—2022 年,广西工业经济外贸依存度有了大幅度提高,而且提高速度远高于全国平均水平,详见图 5-9。2011—2022 年,广西工业经济外资依存度出现了大幅度地下降,而且下降速度远高于全国平均水平,2022 年还不到全国平均水平的一半,详见图 5-10。这些指标说明了广西对外开放水平不高,区位优势并未得到充分发挥。

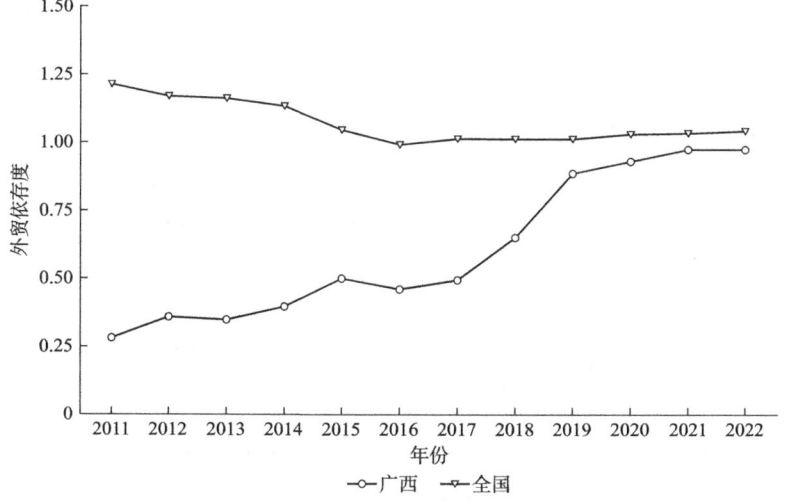

图 5-9 广西与全国工业经济外贸依存度

2011—2022 年,广西工业经济外贸依存度上升幅度很大,从 0.283 上升到 0.975,提高了 244.5%。与此同时,全国工业经济外贸依存度从 1.211 下降到 1.041,下降了 14.0%,详见图 5-9。从广西各市情况来看,绝大多数城

---

❶ 外贸依存度=货物进出口总额(美元)÷工业增加值,外资依存度=实际利用外资总额(美元)÷工业增加值。

市的工业经济外贸依存度远低于全国平均水平,只有崇左市、南宁市、防城港市和钦州市高于全国平均水平,来宾市、贺州市、玉林市和贵港市甚至低于0.2,各市的中位数仅为0.30,详见表5-5。这说明广西外贸发展水平偏低,没有充分利用沿海、沿边和对东盟开放前沿的优势。

表5-5 2022年广西各市对外开放情况

城市	工业增加值/亿元	进出口总额/亿元	外贸依存度	实际利用外资额/万美元	外资依存度
南宁市	641	1 510	2.36	87 253	16.72
柳州市	1 067	299	0.28	8 376	2.694
桂林市	314	96	0.31	1 436	0.590
梧州市	493	127	0.26	4 476	3.153
北海市	690	344	0.50	650	0.388
防城港市	464	785	1.69	3 345	3.455
钦州市	520	642	1.24	1 754	0.915
贵港市	438	51	0.12	3 553	2.260
玉林市	400	43	0.11	11 220	5.177
百色市	663	386	0.58	1 274	0.737
贺州市	283	26	0.09	779	0.801
河池市	265	59	0.22	2 218	1.953
来宾市	213	17	0.08	963	1.069
崇左市	326	2 220	6.81	9 857	9.118
中位数	451	213	0.30	2 782	7.53
全国平均	1.04	1 255	1.04	18 913 000	9.62

2011—2022年,广西工业经济外资依存度下降幅度很大,从47.89下降到20.24,下降了57.7%。与此同时,全国工业经济外资依存度从63.54下降到47.09,下降了25.9%,详见图5-10。从广西各市情况来看,绝大多数城市的工业经济外资依存度远低于全国平均水平,只有南宁市和崇左市高于全国平均水平,北海市、百色市、贺州市、钦州市、来宾市和桂林市甚至不到5,广西各市的中位数仅为7.53,详见表5-5。这说明广西对外资的吸引力并不高,与广西的区位优势并不匹配。

第五章 广西各市工业高质量发展存在的问题

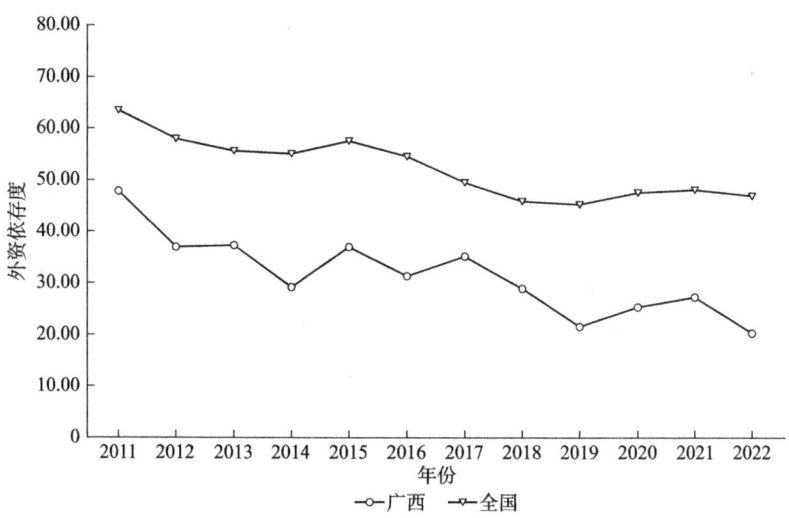

图5-10 广西与全国工业经济外资依存度

第六章
国内其他省（区、市）工业高质量发展的经验

一、浙江省工业高质量发展的经验

浙江省作为中国最早的工业省之一，秉持"敢为人先""勇于探索""勇于创新"的精神，工业经济从无到有，由弱小走向强大，成功开辟了一条适合浙江省实际、富有特色的工业化发展道路。这一道路催生了一个产业特色鲜明、经营机制灵活、多种经济成分共同发展的新型工业化模式，助力浙江省实现从工业小省向工业大省的历史性飞跃。浙江省的产业发展不仅展现了丰富的特点，更取得了令人瞩目的成就，积累了许多值得借鉴的宝贵经验。

（一）创造一条与当地实际情况相适应的创造性发展道路

浙江省从农村改革开始，依托民间力量，充分调动农民的积极性与创造力，大力发展劳动密集型产业。这既能快速地吸收现有的大量农村剩余劳动力和城镇无业人员，也为下一步产业发展奠定了坚实的基础。当工业总量达到一定规模，加工工业取得相对优势后，适时地从"内向"转变为"外向"，通过

调整原来的工业、产品结构,促进工业结构升级。随着市场格局的变化,浙江省把电子、医药、化工和机械培育为主导产业,调整和改造纺织、建材、丝绸等传统行业,加快产业结构升级。进入21世纪后,浙江省改造和控制"高投入、高消耗、高排放"行业,加快发展高新技术产业和装备制造业,推动产业结构高级化。

(二) 根据国家政策及时进行产业调整

邓小平南方谈话后,浙江省作为改革开放的前沿省份,陆续推出一系列改革举措,开放程度不断提高,利用外资规模不断扩大,迅速崛起为全国经济强省。浙江省提出,要把重点放在经济结构调整上,打造新的产业高地,要以打造先进制造业基地为重点,把握国际产业转移的契机,推动产业结构战略性调整,提升制造业综合发展能力,围绕工业升级,扩大就业,改善民生,促进服务业发展。以"数字浙江"为依托,加速推进国家经济与社会信息化进程。这些目标和要求,为浙江省走新型工业化道路构建了基本框架。目前,浙江已形成工业门类相对齐全、轻工业较为发达、重工业具有较好基础的产业结构。全面推进工业结构优化升级,工业经济明显转向以重工业为主导的格局,产业结构由劳动密集型向资本和技术密集型升级。

21世纪以来,浙江省以提升产业竞争力、促进产业结构优化为目标,将重点放在发展主导型产业、高科技等新兴产业上。近年来,浙江省率先推进经济转型升级和高质量发展,成功实现从传统的工业化经济向现代服务型、创新型、数字经济的转变,实现从粗放型增长向高质量发展迈进。浙江省全面优化升级产业结构,打好产业基础高级化和产业链现代化攻坚战,加快建设全球先进制造业基地,推进数字安防、集成电路、网络通信、智能计算、生物医药等十大标志性产业链的基础再造和提升,做优做强新一代信息技术、生物技术、高端装备、新能源及智能汽车等战略性新兴产业,加快培育发展未来网络、元宇宙、空天信息、仿生机器人等未来产业,不断提升现代产业体系整体竞争力。

(三) 健全以需求为导向、以有效竞争为核心的市场机制

浙江省是我国实行市场化取向改革的重要发源地。30多年前，浙江省率先启动市场化改革，诞生了中国第一家私营企业、第一个专业市场、第一个股份合作社。浙江省在工业发展早期没有多少大的工业工程（特别是大型的制造业工程），引资规模在沿海省份中也不算特别突出，但工业发展却走在了全国的前列。究其根源，在于浙江省的市场化进程走在了前列。浙江省在改革开放初期，率先提出面向市场需求的增长机制，最早发挥了省内和省外两个市场的优势，促进产业快速发展；在经济全球化进程中，又充分利用国际资源，积极参与国际竞争，显著改变了区域工业发展格局。与此同时，率先在传统计划经济体制下，大量引入市场因素，大力发展非国有市场竞争主体，立足于培育具有独立经济利益、富有活力的市场经济主体，充分调动和发挥企业的积极性和创造性，争得市场竞争的先发优势。

在经济新常态下，曾经依靠体制机制改革在民营经济和市场经济发展中占得先发优势的浙江省又一次站在全面深化改革的风口。从2013年年底开始，浙江省全面梳理省级部门行政权力，历经清权、减权和制权3个环节，最终保留4 236项列入权力清单，精简幅度超过六成。2014年，除权力清单外，责任清单、企业投资负面清单和财政专项资金管理清单也先后制定出来。浙江省政务服务网是浙江省深化政府自身改革的重要载体。它的一个重要功能是记录权力运行轨迹、公开权力运行流程、确保权力正确行使。同时，全省统一的行政权力运行系统也在加紧建设，以推进行政审批等权力运行流程再造。浙江省率先开始探索资源要素市场化配置改革，按照"亩产论英雄"的理念，推行要素差别化定价和企业分类指导制度，促进资源要素节约、集约利用。海宁市工业企业按照"亩产效益"分为A、B和C三类，实行差别化地价、电价、水价等，让有限资源得到有效利用。目前，全省80%的县（市、区）建立企业分类综合评价制度，加快探索土地、能源、环境等要素差别化定价，致力于把各种资源集中到具有优势的行业，推动经济转型升级。

(四)大力发展专业市场,促进劳动力、资金、技术和信息等要素向城市集中

浙江省改革开放40多年历程中,专业市场体系的演进堪称一部浓缩的市场经济进化史。20世纪80年代初,浙江省某些地区已经形成一批颇具规模的专业市场,较大程度上拓宽了家庭工业、联户工业和乡村工业初始发展所必需的市场信息、原材料和产品销售渠道。而后花费了近十年的时间,浙江省的专业市场从省内扩展到省外,随后又进一步拓展到国际市场,形成遍布世界的浙江省产品市场销售网络,大大扩展了产业发展空间。围绕专业市场发展支柱产业,促成小产品大产业、小企业大市场,进而形成增长极。专业市场的发展,既是对产业成长的直接推动,也是对基于专业市场的产业运作机制的形成与发展的直接推动。浙江省工业在专业市场的引领与推动下,扬长避短,充分发挥其地域比较优势,逐步发展出具有浙江特色的工业产业。

目前,浙江省专业市场整体呈现梯队式发展格局,各地专业市场各具特色,专业市场的蓬勃发展为浙江省集群经济的发展创造了良好环境。与此同时,浙江省借助专业市场这一平台,在区域之间开展广泛的经济合作,专业市场也成为带动区域协调发展的重要力量,并进一步缩小城乡收入差距,改善收入结构。在互联网电商的冲击下,专业市场面临着转型升级的压力。面对专业市场新形势、新业态、新需求,特别是互联网经济对传统专业市场的冲击,浙江省从2015年起就不断对新市场、新零售、新业态、新模式进行探索。

(五)发挥人文优势,推动经济优势、产业优势的形成

浙江省工业化发展的动力是多方面的,这不仅与当地的经济状况有关,而且与当时的社会文化环境密切相关。浙江省的工业发展之所以能够成功,是因为它将浙江人民脚踏实地、吃苦耐劳、勇于开拓、勇于创新的品质和较深的市场意识及务工经商素质,引导到工业化进程中,充分实现其历史价值和经济价值。

在工业发展进程中,浙江省人民政府把人民利益作为工作的出发点和落脚点,不断满足人们的多方面需求和促进人的全面发展,同时企业的社会责任感逐步增强。企业社会责任要求企业在创造利润、为股东利益负责的同时,还要承担对社会(包括消费者、员工、社区和环境)的责任。企业积极主动承担社会责任,是社会进步、社会文明的标志。浙江省规模以上工业企业管理费用占全国比重逐年上升。浙江省工业企业管理费用之所以大幅度增加,相当程度上是企业承担社会责任的结果。

(六)打造产业集群优势,推动块状经济升级

块状经济是浙江省工业经济最为突出的特点和亮点之一,其形成与浙江地形特点、人文特点、资源分布特点和早期发展模式有关。2008年,浙江省提出打造作为块状经济升级版的现代产业集群;2011年,在建设现代产业集群基础上,全面启动产业集聚区建设;2015年,正式提出建设特色小镇,精准对接传统块状产业;2020年,提出"建设全球先进制造业基地"的新愿景;2023年,浙江省出台《浙江省"415X"先进制造业集群建设行动方案(2023—2027年)》。浙江省块状经济加快转型升级,传统产业整合集聚,新兴产业由点到面逐步实现新旧动能转换,向产业链、价值链高端攀升。

近年来,浙江省聚焦跨区域产业布局,围绕重大产业集群和标志性产业链区域布局和配套需求,开展跨区域关键产业链的"链长+链主+专精特新""总部+基地""整装+零部件""研发+转化+制造服务"等梯度分工配套布局,进一步细化产业集群分工协作配套体系。在绍兴市的纺织业、海宁市的皮革业、温州市的鞋业、诸暨市的袜业等传统优势产业集群基础上,充分发挥体制机制、区位和环境优势,推动产业集群向技术密集、资本密集和人才密集的高端产业升级,块状经济越来越成为工业经济高质量发展和先进制造业基地建设的重要支撑。近年来,浙江省不断深化改革,以块状经济为基础,发展特色小镇,形成海宁市的"时尚小镇""黄岩""智模镇"等一大批以"块状"为基础的抢占优势产业中高端的制造业小镇,特色小镇成为浙江创新发展的新平台

和促进转型升级的新载体。

(七) 培育发展新动能，推动传统产业数智化转型

21世纪以来，浙江省在"八八战略"的指导下，面对经济发展新常态和国内外形势深刻复杂变化，加速新动能培育，推进传统产业转型升级，持续推进经济发展的质量、效率、动力等方面的发展。聚焦聚力高质量、竞争力、现代化，以重大创新为牵引、以数字经济为核心、以"双创"生态为关键、以大湾区为主战场和以平台项目为抓手，培育壮大经济发展新动能，加快新旧动能接续转换。

近年来，浙江省抓住新一轮科技革命、信息革命和产业变革的重要契机，以加快创建全国数字经济示范省为目标，大力推动数字产业化和产业数字化转型。数字经济、环保、健康、时尚、高端装备、人工智能等产业加快发展，已成为拉动工业经济增长的重要动能。近年来，为破解块状经济历史积累造成的"低小散"问题，浙江省加快培育信息、金融、高端装备制造业等八大万亿元产业，并以此作为拉动经济增长的新引擎。通过工业化和信息化深度融合，浙江省持续推进传统产业转型升级，尤其是推动传统制造业不断向智能制造方向改造提升，传统实体经济得到进一步振兴。

二、湖北省工业高质量发展的经验

近代以来，湖北省作为"九省通衢"，是中国工业化、现代化的重要策源地。中华人民共和国成立后，国家一直把湖北省作为重大生产力布局的重要省份，先后建设了一批"国之重器"。湖北省工业门类齐全、工业基础雄厚，是全国为数不多的拥有全部41个行业大类的省份之一。在工业高质量发展道路上，湖北省始终坚持以国家战略为导向、以绿色低碳为新路径、以科技创新为新动力、以创新型人才为支撑点、以链群协同为新模式和以营商环境为保障，推动高

质量发展与新型工业化相互赋能、相互成就，与此同时也积累了许多宝贵经验。

(一) 积极对接国家战略，全面布局城市发展重点

湖北省明确提出"一地三区"的发展定位——全国重要的先进制造业基地、长江经济带绿色制造先行区、全国传统产业转型升级样板区和世界一流战略性新兴产业集聚区，着力构建战略性新兴产业引领、先进制造业主导、现代服务业驱动的现代产业体系。湖北省以制造业高质量发展为统领，注重传统产业改造升级和新兴产业发展壮大，着力打造5个万亿级支柱产业、巩固提升10个5000亿级优势产业、培育壮大20个千亿级特色产业集群、前瞻布局一批未来产业，加快构建"51020"现代产业集群。湖北省发挥长期积累的优势条件，结合各市（州）在产业发展上的特色和优势，在新一代信息技术、汽车制造、现代化工及能源、大健康和现代农产品加工等领域打造万亿级产业集群。

近年来，湖北省积极融入新发展格局，践行新发展理念，努力构建以战略性新兴产业为引领、先进制造业为支撑和现代服务业为动能的现代产业集群。集群布局方面，"襄阳—十堰—随州—神农架"北部列阵主要以新一代汽车与零配件产业集群为基础协同发展，"宜昌—荆州—荆门—恩施"南部列阵主要以新能源新材料、农业产业化为基础协同发展。同时，以各市（州）产业互补协作为基础，推进生命健康产业与数字经济产业抢跑、布局和提质，不断推进强链补链延链和产业基础高级化。湖北省以创新为动力，以场景应用为牵引，以企业为主体，以"未来技术学院—未来产业科技园—未来产业先导区"为载体，构建"新技术突破—新场景应用—新物种涌现—新赛道爆发"的未来产业生态，建设具有全国影响力的未来产业发展高地，为奋力推进中国式现代化湖北实践提供新的科技支撑和产业支撑。

(二) 加快绿色转型，不断夯实发展基本盘

近年来，湖北省全面落实节约优先方针，协同推进降碳、减污、扩绿、增

长,加快推动全省经济社会发展绿色低碳转型并取得了较好成效。加快产业低碳转型,突破性发展优势产业,推动全省产业"含新量""含绿量"不断提升。加速项目降碳改造,聚焦钢铁、化工等重点行业,对照能效先进水平,综合利用财政金融政策工具,"一业一策"推动节能降碳改造。加强全社会节能降碳,从园区能效综合提升、公共机构整体节能和产品设备能效提高三个方面着手推进机关单位、工业企业、公共交通、景观照明、社区家庭等七大领域节能增效。

在工业发展过程中,湖北省始终坚持生态优先,积极践行绿色发展理念,大力推进绿色制造及环保技术和循环经济的发展,实现了工业发展与生态保护的良性循环。通过实施严格的环保政策和标准,引导企业采用清洁生产技术,提高资源利用效率,减少污染物排放,实现工业发展与环境保护的双赢。在推动工业高质量发展过程中,湖北省没有把传统产业当成"低端产业"简单退出,而是支持企业"生产换线""机器换人""设备换芯",加快传统产业高端化、智能化和绿色化升级改造。与此同时,湖北省制定了一系列环保政策和措施,加强对工业企业的环保监管,推动企业实施清洁生产,减少污染排放,大力发展清洁能源和循环经济,推动工业与环境的协调发展。

(三)技改提能,推动传统制造业转型升级

制造业是湖北省的优势,也是构筑未来发展优势的重要支撑。湖北省第十二次党代会报告提出"打造制造强省高地",实施"技改提能、制造焕新"工程,推进钢铁、有色、化工、建材建筑、纺织等传统产业向高端化、绿色化和智能化转型升级。[1]湖北省政府坚持每季度分行业召开技改现场会,聚焦钢铁、石化、汽车、电子信息、装备制造等行业,通过标杆引领示范带动传统产业改造升级。

---

[1] 王蒙徽.立足新发展阶段 贯彻新发展理念努力建设全国构建新发展格局先行区奋进全面建设社会主义现代化新征程——在中国共产党湖北省第十二次代表大会上的报告[EB/OL].(2022-06-18)[2025-05-15].https://www.hbdx.gov.cn/c/2022/06/24/24269.shtml?push_animated=1&webview_progress_bar=1&show_loading=0&theme=light.

湖北省深入实施创新驱动发展战略，大力推动科技创新，通过建设一批国家级、省级科技创新平台，引导和支持企业加大研发投入，培育创新人才，并不断引进先进技术，提升装备水平，实施数字化、网络化和智能化改造，提高了生产效率和产品质量。湖北省在稳固原有工业基础上积极培育新兴产业，如新一代信息技术、生物医药、新能源等，大力发展算力与大数据等9个新兴特色产业，前瞻布局脑科学与类脑智能等6个未来产业，不断提升工业含"新"率。坚持向"新"而行为新型工业化贡献"湖北样本"。在县域工业发展中，湖北省推行"赛马制"，将16个市（州）、31个重点工业县纳入评价范围，激励形成"与快者比，与强者拼"的争先意识，推动全省县域工业转型升级。

（四）重视人才引育，加强知识产权保护

工业高质量发展离不开人才的支撑，湖北省大力实施人才强省战略，吸引海内外优秀人才，持续发力打造全国重要人才中心和创新高地，为工业高质量发展提供源源不断的智力支持。湖北省支持战略科技后备人才，赋予其更大的技术路线决定权、更大的经费支配权和更大的资源调度权。湖北省印发《关于加强新时代博士后工作的若干措施》，建立普惠性支持和竞争性资助相结合的博士后人才支持体系，突破性壮大博士后人才队伍。湖北省着眼推动人才向产业和基层一线流动集聚，持续开展"专业人才智汇基层"活动，统筹实施"院士专家企业行""科技副总""科技特派员""博士服务团""乡村振兴农业产业帮扶团""产业教授"等专项，走出一条以才兴产、产才融合的发展之路。湖北省深入开展科技人才评价改革试点，推行人才评价"举荐制""注册制""积分制"，开辟重要赛事获奖者申报省级重点人才计划项目"绿色通道"，引导各类人才人尽其才、才尽其用、用有所成。湖北省发挥科教资源优势，集中力量争创国家高水平人才高地。湖北省积极搭建科技创新平台，健全完善"政产学研金"服务创新机制，推动更多科研成果从实验室走向生产线。

湖北省将加强知识产权保护作为推动高质量发展的重要抓手，全面加强知识产权保护顶层设计，不断完善知识产权大保护体系，充分发挥知识产权激励

和保护创新重要作用,为推进中国式现代化湖北实践提供有力支撑。2024年9月,湖北省人大常委会通过《湖北省知识产权促进和保护条例》,明确了严格保护知识产权的导向,对知识产权的培育创造、转化运用、保护管理、服务激励等多个方面作出了具体规定,用法治手段打通知识产权创造、运用、保护、管理和服务全链条。湖北省不断强化专业人才队伍建设,大力提升知识产权教育水平,积极加强知识产权保护区域协作,加快推进知识产权国际合作,知识产权保护氛围更加浓厚。湖北省健全科技成果"先赋权、后转化""先使用、后付费"机制,试点开展职务科技成果单列管理,充分激发人才创新创造活力,促进更多科技成果在鄂落地转化。国家级知识产权保护中心获批建设,武汉、宜昌、襄阳、孝感和黄石5地入选首批国家知识产权强市建设试点示范城市。

(五) 加强"链群协同",培育工业发展新优势

湖北省坚持新发展理念,根据自身的资源禀赋和比较优势,以夯实产业基础能力为根本,以提升战略性和全局性产业链为重点,提高重点领域制造能力,为推进全省经济社会高质量发展提供主支撑。通过重点产业链的竞相发展,湖北省力争打造5个国家级先进制造业集群、20个国家级和40个省级新型工业化产业示范基地,推动形成以万亿级产业为引领、五千亿级产业为骨干、新兴未来产业为先导的现代化制造业体系,围绕产业链部署创新链、围绕创新链布局产业链,推进产业基础再造,实施"技改提能、制造焕新"行动,加快推进以智能化升级、集群化发展、服务化延伸、绿色化转型和安全化管控为重点的新一轮技术改造,激发内生发展动力。发挥空间规划引领作用,按照设施共享和集聚发展的要求,引导产业进区入园。强化领军企业培育,提升本地配套能力。建立产业链供应链信息共享机制,引导各类资源要素、创新要素集聚。

推进新型工业化,实施产业集群"提能"行动是湖北省排在首位的任务。每个优势产业都建立省委常委领衔推动的工作机制,制定三年行动方案,组建

一个专家咨询委员会，搭建一个产业服务平台，强化一批项目牵引，加快一批关键核心技术攻关。2023年以来，湖北省组建国控、楚象、华纺链、长江汽车、九州医药、磷化工等重点产业供应链平台，一链一策。供应链平台从"点"到"面"、供应链模式从"学"到"创"、供应链功能从"一"到"多"、供应链网络从"内"到"外"、工作机制从"分"到"合"，打造新时代"九省通衢"。同时，湖北省还鼓励企业之间的合作与交流，通过建立产业联盟、推动企业兼并重组等方式，提高企业的整体实力和竞争力，也为湖北省不同类型企业的发展提供广阔的市场空间，从而为工业高质量发展打下坚实基础。

（六）抓好营商环境建设，为工业发展提供支撑与保障

一个地区的发展短期靠项目，中期靠政策，长期靠环境。近年来，湖北省认真贯彻落实党中央关于优化营商环境的决策部署，以控制成本为核心，重点打造"七个环境"，为推动全省经济回升向好、进中提质发挥了重要作用。精心谋划政策体系强基、信用湖北建设、市场化改革示范、法治化建设升级和国际化合作促进"五大行动"通过25项具体任务精准施策、靶向发力，全力打造市场化、法治化、国际化营商环境体制机制和政策体系。湖北省启动信用湖北建设行动，健全政府履约工作机制，强化企业诚信正面引导，着力提升信用工作服务全省经济社会发展的质量和水平。在湖北省大数据管理的推动下，省级、市级数据直达系统成功建立，打通国家、省、市、县四级政务数据共享平台之间的业务流、数据流，实现直接申请使用国家和省内数据，大幅提升政务数据共享精准化、便捷化水平。加大对五大优势产业知识产权保护力度，推动在工业园区设立289个知识产权联合保护工作站，促进更多创新成果转化为现实生产力。为持续提升数字化通关质效，武汉上线了国际贸易数字化平台和宜荆荆都市圈国际贸易数字化平台，依托湖北国际贸易"单一窗口"公共底座搭建，帮助企业找准海外市场、提升运营效率和降低经营成本。

2024年10月，湖北省聚焦"三不一重"❶突出问题提出15条具体举措，促进全省营商环境持续优化升级；进一步规范涉企执法办案，深入开展过度检查、过度执法、小错重罚等问题排查整治，将"防止逐利执法"纳入全省行政执法与执法监督重点工作检查监督事项范围；进一步健全信用修复机制、规范失信惩戒机制；巩固拓展"一业一证"改革成效，严格落实"一证准营"要求，推动实现行业综合许可证在全省范围互认通用，常态化推进分层、分级、分类企业帮扶，及时回应企业个性化诉求等。

三、重庆市工业高质量发展的经验

重庆市是我国重要的老工业基地。1891年开埠至今，大致经历了四个重要的发展阶段：一是开埠通商的萌芽发展期；二是抗战时期大量企业搬迁到重庆的基础培育期；三是依托三线建设布局一批重大项目的巩固发展期；四是直辖以来的快速发展期。通过引进、培育和不断优化调整，重庆市形成由汽车、电子、装备、材料、化医（化学工业和医药工业）、消费品和能源组成的"6+1"支柱产业体系，建成全球最大的笔记本电脑生产基地，全国最大的汽车、摩托车制造基地、仪器仪表生产基地之一，正努力打造国家重要的先进制造业高地。近年来，重庆市通过深入实施"工业强市"战略，推动工业在转型升级中多元发展，构建起汽车、电子产业双轮驱动，其他支柱产业多点发展的现代工业体系。

（一）双轮驱动，优化工业结构

党的十八大以来，重庆市工业发展逐步由以高投资、规模化发展向调结构、重升级方向转变，逐步形成汽车、电子双轮驱动、装备、材料和消费品等

---

❶ 三不一重：执法不规范、承诺不兑现、服务不高效和企业负担重。

产业多点支撑的格局，特别是以信息技术、新能源及智能网联汽车等为代表的战略性新兴产业快速发展，更为重庆市工业高质量发展注入了新动力。从产业结构看，重庆市已形成汽车和电子产业"双轮驱动"、其他产业协同发展的多点支撑格局。通过推动全产业链一体化发展，目前已形成以惠普公司、宏碁公司、华硕公司、东芝公司和思科公司5大品牌商为龙头的"5+6+800"电子信息产业集群。从所有制结构看，国有控股、外商及港澳台、民营经济共同发力，经济活力不断增强。从能耗结构看，节能降耗成效显著，用较少能耗支撑了经济较快增长。

近年来，重庆市着力优化产业布局，着力引进实力强、能级高的龙头企业，培育细分领域的领先企业，从而带动行业发展、迈向价值链中高端，构建核心竞争力。以具有全国乃至全球影响力的龙头企业为核心，打造高端化的产业园区，是重庆市抓园区发展的重要一招。2021年，重庆市实施支柱产业提质工程、战略性新兴产业集群发展工程和产业链供应链现代化水平提升工程，"一链一策"建设33条重点产业链，启动建设首批6个市级重点关键产业园，即重庆高新区（集成电路）、渝北（汽车电子）、北碚（传感器）、渝中（工业软件）、合川（信息安全）、巴南（生物医药），加快推动产业向高端化、智能化、绿色化转型升级和健康发展。

（二）创新驱动，壮大产业技术创新主体

重庆市聚焦重点产业，系统梳理产业链关键核心技术和产业基础领域需求，制定并发布需求清单。推动企业之间及企业与高等院校、科研机构深化合作，探索"揭榜挂帅"等组织方式，共同承担国家重大技术和产品攻关任务及开展产业链关键共性技术研发，更好满足重点产业发展技术需求。重庆市强化高水平共性技术平台建设，以关键共性技术、跨领域交叉技术研发与转化应用为重点，组建若干面向全行业提供技术服务的产业研究院，建立健全技术创新中心、产业创新中心和制造业创新中心滚动推进机制。重庆市大力推进研发机构建设，组建西南地区首个国家级制造业创新中心"国家地方共建硅基混合集成创新中心"和10家市级制造业创新中心。升级打造重庆市高新技术产业研究院,探索形成"产业研究院+产业园区+产业基金"产业生成模式,成功孵化碳化硅芯片、纳米银线透明导电膜等一批高成长型企业。

聚焦重点行业领域,围绕供应链整合、创新能力共享、数据应用等产业发展关键环节,积极培育产业协作配套、技术协同创新和要素资源共享的融通模式,推动形成大企业带动中小企业发展、中小企业为大企业注入活力的融通发展新格局。鼓励龙头骨干企业为中小企业提供信息支持和数字化、智能化和全产业链协同解决方案,搭建大中小企业创新协同、产能共享和供应链互通的新型产业创新生态。充分发挥提高制造业企业研发费用加计扣除比例、高新技术企业税收优惠、研发准备金、重大新产品补助等财税政策的激励引导作用,推动科技中小企业"专精特新"发展,打造细分行业"单项冠军",支持科技中小企业"上云""上规""上市"。构建科技型企业链式培育体系,培育壮大科技型中小微企业主体规模,发挥科技型中小微企业在培育发展新动能、推动高质量发展中的重要作用。

(三) 数字赋能,推动智能制造升级

重庆市突出大数据智能化主方向,聚焦产业科技创新主战场,围绕先进制造业、战略性新兴产业、未来产业等重点领域,构建产业技术创新体系,研究编制重点产业技术图谱2.0版——产业创新科技进步路线图,系统梳理关键核心技术攻关重点,实施关键核心技术攻关工程。重庆市聚焦数字变革,引领"三化"升级。高端化方面,重庆市深入推进增品种、提品质、创品牌,发展服务型制造新模式,促进制造业向价值链中高端迈进。智能化方面,重庆市以"万项技改"促进"万企转型",推进"行业大脑"建设,扩大"一链一网一平台"、智能工厂、数字化车间等数量,构建"产业大脑+未来工厂"智造生态。绿色化方面,重庆市深化数字技术与绿色低碳技术融合应用,推进长江经济带低碳数字能源示范区建设,健全绿色制造体系,发展壮大循环经济,促进减污降碳协同增效。依托信息技术创新,推动互联网、大数据、人工智能等与

实体经济深度融合、渗透，近年来，重庆市不断涌现新业态，一批新兴企业迅速崛起。

重庆市强化整体规划，完善扶持政策，制定并印发了《重庆市工业企业以数字化为引领深化技术改造促进产业高端化智能化绿色化转型升级行动方案（2023—2027年）》等一系列政策，继续推动企业技改工作。创新启动"技改专项贷款"，整合工业和信息化专项资金，对重点企业技术改造项目实行贷款贴息、担保补贴；强化对技改项目的支持，鼓励企业技术改造和转型升级。加大金融支持力度，引导金融机构创新信贷产品和服务，加强与银行、保险、基金公司等机构合作，设立工业转型升级基金、制造业专项贷款，通过贷款贴息等方式支持企业技术改造。重庆市将推动制造业高质量发展同发展数字经济有机结合起来，加快产业数字化转型步伐。深入实施软件和信息服务业"满天星"行动计划，积极培育"启明星""北斗星"企业。重庆市聚力发展"轻氢航空、数创能动"八大新兴产业，推动数字变革、科技创新，做强新能源产业。

（四）联动发展，拓展新发展格局

重庆市促进成渝地区双城经济圈制造业协同发展，立足两地共同优势领域，加快补齐关键短板，推动产业链、供应链深度融合，增强全产业链优势，形成特色鲜明、相对完整、安全可靠的区域产业链供应链体系，联手打造具有国际竞争力的先进制造业集群。重庆市加强产业联动，充分发挥国家级开放平台集聚辐射作用，鼓励其向其他市级开放平台输出品牌、人才、技术、资金和管理经验，按照优势互补、产业联动、市场导向和利益共享的原则，开展开放平台合作共建项目。搭建产业转移对接平台，每年组织开展开放平台间产业对接活动，畅通产业转移沟通渠道。重庆市建立开放平台联动发展协作机制，共同把开放平台打造成外向型经济发展的主战场、产业转型升级的先行区、对外开放创新的前沿阵地。重庆市加快信息联动，在相关市级部门组织下，共同开展招商活动，全面梳理各平台重点招商项目及政策信息，在重点展会活动中整体包装、统一宣传。鼓励各平台根据自身发展情况，按照错位互补、互利共赢的原则，相互推荐产业项目。搭建信息共享服务平台，推动物流、航运、仓储、口岸监管、检测认证、检疫处理、金融服务等信息共享。

重庆市区域结构划分为都市功能核心区、都市功能拓展区、城市发展新区、渝东北生态涵养发展区和渝东南生态保护发展区五个功能区域。多年来，全市工业战线深入贯彻落实五大功能区域发展战略，特色、差异、协调和联动发展的格局初具雏形。重庆市城市发展新区工业主战场地位日益突出，汽车整车及零部件、机器人及智能装备、移动终端等加速布局，都市功能拓展区产业高端化趋势明显，都市功能核心区研发、设计、结算等生产性服务业蓬勃发展。同时，渝东北和渝东南两大生态区塑料制品、钟表、小家电、眼镜、金属加工、纺织服装、特色食品等产业竞相发展，"专精特新"趋势进一步显现，产业结构得到优化。重庆建立起市属国有企业和中央企业、民营企业、外资企业"三企"联动发展机制，推动各类所有制企业优势互补、融合发展。为深化与中央企业对接合作，重庆市国资委围绕绿色低碳与科技创新、现代服务业发展、新材料产业发展等主题，举办三次央地发展对接活动、央地金融助力"三攻坚一盘活"改革突破业务推介与项目签约活动。

（五）推进"亩均论英雄"改革，提高资源要素利用效率

重庆市把深化制造业"亩均论英雄"改革作为转变发展方式、优化经济结构、转换增长动力的有力抓手，深入推进资源要素差别化配置，切实激发市场主体创新活力，不断提高全要素生产率，着力以亩均效益改革为引领推动制造业提质增效，加快推动经济发展质量变革、效率变革和动力变革，推动重庆市制造业高端化、智能化和绿色化发展。重庆市以区县、产业园区和规模以上制造业企业为主体，建立完善目标导向清晰、评价指标统一、权重设置合理、分级分类管理的亩均效益综合评价体系并适时进行迭代升级。重庆市以亩均效益综合评价为基础，有针对性地开展制造业提质增效诊断分析，优化完善产业政策。根据区县和产业园区亩均效益综合评价结果，从亩均效益绩效奖补、重

大项目基金配套、创新平台优化布局等方面,建立形成资源要素分配与区县和产业园区亩均效益绩效挂钩的激励约束机制,相关资源要素优先支持亩均效益好的区县和产业园区,倒逼亩均效益差的区县和产业园区加大力度推进产业转型升级、企业改造提升、土地集约利用。根据企业亩均效益综合评价结果,依法依规实施能源要素保障、企业分类帮扶、企业技术创新、专项资金支持、产业金融支撑等差别化政策,加大对首档企业的激励力度。

重庆市成立市制造业"亩均论英雄"改革专项工作组,由分管副市长担任专项工作组组长。专项工作组办公室定期调度推进改革各项工作。各区县和市级有关部门要组建工作专班,按照职责分工,抓好改革工作的组织实施和重点任务的推进落实。重庆市将制造业"亩均论英雄"改革成效、亩均效益综合评价结果与重大生产力优化布局、产业园区提档升级、财政专项资金支持等结合起来,营造有利于区县"赛马比拼"、企业竞争发展的浓厚氛围。以亩均效益综合评价系统为核心,加快开发制造业"亩均论英雄"改革重大应用,并按照数字重庆建设"三融五跨"的要求,依法依规实施数据分级分类共享,推进数据审核、评价、分析、反馈和展示全流程线上运行,提升制造业"亩均论英雄"改革数字化治理水平。通过实施亩均效益示范引领、企业分类改造提升、低效闲置用地处置等专项行动,建立形成"正向激励、反向倒逼"推进制造业提质增效机制,助力提升制造业发展质量效益。

(六) 扩大对外开放,打造内陆开放国际合作引领区

重庆市将紧扣"两大定位"——新时代西部大开发重要战略支点、内陆开放综合枢纽,重点打造"六个区",即西部地区高质量发展先行区、内陆开放国际合作引领区、全面深化改革先行区、超大城市现代化治理示范区、城乡融合乡村振兴示范区及美丽中国建设先行区。重庆市充分发挥西部陆海新通道牵引作用,强化重庆市作为通道物流和运营组织中心功能,创新模式业态,更好推动共建"一带一路"、长江经济带、西部陆海新通道联动发展,加快形成东南西北四向通道、铁公水空多式联运交叉联网开放枢纽。重庆市持续打造高

能级开放平台,全力推动中新(重庆)战略性互联互通示范项目在重点领域打造更多标志性成果,高标准建设枢纽港产业园、生命科技城,促进重庆自贸试验区以集成式创新赋能产业发展,推动两江新区、重庆高新区等开放平台强化全球资源配置功能。重庆市主动对接国际高标准经贸规则,推动服务贸易、投资、知识产权保护等与国际高标准经贸规则接轨,探索创新陆路国际贸易规则,全力推动制度型开放。

重庆市加快补齐基础设施、制度机制等短板,在扩大高水平对外开放上不断创新突破。一方面,在要素流动型的"硬开放"上创新突破。一体化打造大通道、大枢纽、大口岸、大物流和大平台,放大中欧班列(渝新欧)、长江黄金水道等通道优势,培育做大开放型企业,高水平建设枢纽港产业园,推动两江新区、重庆高新区等开放平台强化全球资源配置功能,更好地辐射西部、服务全国、链接全球。另一方面,在制度型开放的"软开放"上实现创新突破。积极探索陆上贸易新规则体系,加强政策、法律、金融等涉外服务保障,营造一流国际化开放环境,持续提升贸易、投资、跨境资金流动、人员进出、运输等自由便利水平,形成更多制度型开放成果,推动"向海而生"的开放模式向"海陆共生"的开放格局转变。

第七章
促进广西各市工业高质量发展的对策和建议

一、扎实推进改革创新，加快公共服务提质升级

一是扎实推进制度改革创新。推进制度改革创新和治理能力建设，探索与新发展阶段相适应的治理理念、治理方式与治理手段，不断提升政府治理能力和服务水平。把创新实施政务服务增值化改革作为推动营商环境优化提升和政务服务迭代升级的重要抓手。加强政务服务标准总体设计，制定和完善全面、统一、集成的各项标准规范，为创新政务服务模式破解制度障碍，为数字化应用提供法律保障。进一步完善政府治理体系，营造可持续的数字政府发展生态环境。坚持改革引领和数字赋能双轮驱动，充分发挥各级政务服务平台支撑作用和数据共享实效，持续加强大数据、区块链、人工智能等新技术在政务服务领域的创新应用。

二是加快公共服务提质升级。探索创新建立标准明确、流程清晰、规范有序、奖惩结合的公共服务评价体系，确定评价方法和奖惩机制，为公共服务评价体系建设提供重要参考。强化政策、业务、系统、数据协同和服务主动精准推送，深入推进政务服务关联事项集成办、容缺事项承诺办、异地事项跨域

办、政策服务免申办等创新服务模式,为企业群众提供更高效便利的办事体验。依托各级企业综合服务中心建立涉企问题主动发现机制,推进涉企问题分类分层分级交办落实,着力破解涉企问题收集碎片化、涉企信息不对称、解决流程不闭环等难题。创新全产业链服务模式,完善全要素保障、全生态构建、全链条增值等机制,增强资本、数据、科技人才等资源要素对产业链的赋能,推动服务链与产业链、资金链、创新链、人才链深度融合。构建基层、企业、第三方等多主体参与的评价体系,定期归集并实时监测区市县镇各级涉企问题收集办理情况,建立健全激励约束机制。

三是强化公共数据治理能力。提高公共数据资源可用性,推动数据资源标准化、规范化建设,开展数据分类分级管理,强化数据源头治理和质量监督检查,实现数据质量可反馈、使用过程可追溯、数据异议可处置。加快建立符合公共数据要素特性的价格形成机制,推动用于公共治理、公益事业的公共数据产品和服务有条件无偿使用。鼓励和支持企事业单位和社会组织在有条件的情况下无偿使用公共数据开发公益产品,提供便民利民服务。支持人工智能政务服务大模型开发、训练和应用,充分运用大数据、人工智能等技术,提高公共服务和社会治理智能化水平和便捷化水平。研究制定数据基础设施地方标准规范,推动设施互联、能力互通,提高数据的互操作性和可重用性。探索建立公共数据资源开发利用区域合作和利益调节机制、工作协调机制和考核评价机制,共享数据要素红利。

二、加快数智化转型,促进传统产业改造升级

一是打造统一开放的新型信息基础设施。加快大型数据中心、智能计算中心、人工智能公共服务平台等建设,提升数字基础设施的保障水平。积极开展算网融合技术研发,提升算网资源统一管理、统一调度和智能编排等能力,实现云网边一体化智能调度和服务。围绕制糖、有色金属、汽车、机械、修造船和海洋工程等重点行业,支持龙头企业建设具有行业特色的工业互联网平台,使传

统产业快速成为数字化转型升级新标杆。依托中国—东盟信息港大数据中心，大力推动大数据和云计算基础设施建设升级，积极推进各领域规模应用，加快培育壮大产品和服务体系。加快物联网和互联网协议的第六版（Internet Protocol version 6，IPv6）网络基础设施建设，完成 IPv6 互联网的大规模部署，形成数字化转型发展的新动能。整合改造规模小、效率低、能耗高的分散数据中心，避免资源和空间的浪费。推动新型基础设施向农业、制造业、交通、能源等全领域扩展，督促相关企业淘汰效率低、能耗大的落后设备，采用智能环保的数字设备，以适应高质量发展的需求。加强同物流、销售等其他各环节主体的合作，共同搭建跨地区、跨行业、跨厂商的统一公共平台，健全部门之间统筹协调机制，提高信息资源共享和利用水平。

二是加强对企业数字化转型的指导和扶持。政府、企业和服务机构等多方协作，共同促进企业的数字化转型，帮助企业解决在数字化转型过程中遇到的各种问题。政府可以通过提供定制化的技术、人才、一站式服务平台等支持，满足不同企业的数字化需求。推出普惠化、低成本、多样性的"上云用数赋智"产品或服务，深化云计算、大数据在制造业中的融合应用。联合第三方专业服务机构，开展数字化赋能专项主题活动，帮助企业更好地理解数字化转型的必要性及方法论，帮助企业成功实现数字化转型。聚焦细分行业共性需求，加强行业共性解决方案研发和供给。建设"智改数转"体验、交流和推广的公共服务平台，汇集典型产品和解决方案。鼓励转型早、效果好的标杆企业开放数字化资源和能力，成立专业机构输出技术、服务和方案，帮助中小企业加快转型。大力培育和引进深耕行业的数字化服务商，遴选一批优质服务商组建"资源池"，培育一批数字化工程领域的分包商、咨询公司、监理公司等专业机构，为企业提供专业化、多样化的"智改数转"服务，持续扩大服务覆盖面。鼓励和支持中小企业加强与数字化转型服务商和龙头企业的合作，通过上下游配套、集聚孵化、开放应用场景和技术扩散等方式推动数字化转型。

三是完善产业链布局。集中广西全区要素资源，大力支持龙头企业以商招商，优先为龙头企业补链、延链、强链服务。鼓励电子信息龙头企业，以工业互联网平台为枢纽，针对研发设计、生产管理、质量检测、供应链管理等环节实施数字化管控，加快系统集成互通和数据分析应用，优化资源配置，实现供应链动态、精准协同。推动数字孪生平台建设，建立数字孪生模型，打通核心数据链，提升关键设备、关键流程数据采集和应用分析能力，实现数字化监控、设备动态预警和预测性维护，重构企业战略决策、运营管理、市场服务等业务活动新模式。在研发能力较强的高校周围建设科技园，以高校优势学科为基础，通过财政直接扶持和厂房租赁费用减免等方面，精准扶持高校教师、学生创新创业。引导汽车、机械、高端金属新材料龙头企业向中小企业开放品牌、设计研发、仪器设备、试验场地等各类创新资源要素。推动龙头企业牵头组建创新联合体，在技术研发、标准制定、专利布局、绿色发展等方面与大中小企业加强创新合作。加大对联合上下游企业共同创新的中小型科技企业扶持力度，在招商引资上给予重点照顾。围绕高端化、智能化、绿色化的转型升级方向，用好技改政策，通过创新驱动实现产品迭代、工艺革新、管理优化和服务升级等，提升产品和服务竞争力。

四是加快推进人工智能发展和应用。加快培育广西全区统一的数据要素市场，推动公共数据和社会数据高效融合利用，探索打造基于数据共享、模型共享的合作场景。探索打造广西全区统一的算力云调度平台，推动提升现有数据中心标准机架的上架率，谋划建设人工智能专用计算中心和与贵州、成渝等算力枢纽节点的直连基础光传输网络等。以人工智能和实体经济深度融合为主线，以场景应用为牵引，聚焦重点制造业、服务业、特色农业等场景需求和智能产品供给，布局人工智能通用和行业大模型，引导错位竞争，打造具有较大规模和较强带动力的支柱产业。鼓励"政府+企业+协会+服务机构"多主体打造自治区级—地市级—行业级等多层次"人工智能+应用场景"供需对接平台，实现技术、模型、数据、应用等资源对接，提升供需匹配效率。充分发挥广西邻近东盟国家的区位优势，基于中国—东盟人工智能产业生态圈，围绕东盟国家智慧城市、数字经济等发展需要，积极开展政务人工智能应用建设，吸引区内外优质人工智能企业在广西落地。鼓励广西高校加大人工智能类专业及课程的设置和人才培养力度，拓宽人工智能人才培养渠道，加强人工智能通识教育。

三、促进战略性新兴产业发展，加快未来产业布局

一是加快战略性新兴产业创新发展。以科技创新带动新一代信息技术、高端装备制造、新材料、生物医药、节能环保等战略性新兴产业发展。推动新一代信息技术与制造业深度融合，推进大数据、互联网、云计算和人工智能等新技术在工业企业中的运用。促进战略性新兴产业与优势传统产业深度融合，促进产业链上下游协同联动，促进生产端、消费端有机衔接，以点带面锻长板、补短板，实现产业梯次发展和整体跃升。从全价值链上设计创新产业政策，强调供给侧和需求侧政策的平衡，不仅关注供给侧的资金资助，也关注需求侧的购买补助。借鉴国外增信担保体系的有益经验，建立有效的中小企业增信机制，完善信用担保风险控制、风险补偿机制，由政府或大型国有企业为科技型中小企业提供增信支持，并引导民间信用担保企业、机构向科技型中小企业适当倾斜，帮助科技型中小企业拿到贷款，并享受较低的利息优惠。

二是培育壮大战略性新兴产业集群。立足区域资源禀赋、发挥各市、县比较优势，统筹优化广西全区战略性新兴产业国土空间布局，"一群一策"推动产业集群建设，构建各具特色、错位发展、功能协同、优势互补的战略性新兴产业发展格局。加快高端装备制造产业发展，以轨道交通装备、工程机械装备、工业机器人等产业为重点，加快关键技术突破、材料和核心部件研发，打造高端装备制造产业集群。发展壮大新材料产业，围绕轨道交通、新能源汽车、电子信息等产业发展需求，发展高强轻合金、特种合金、高品质特殊钢和动力电池材料，打造新材料产业集群。依托广西资源优势，加快发展生物医药产业，加快瑶药、壮药等民族医药产业发展，积极培育海洋生物医药产业，提升生物医药的技术创新和产业开放水平，打造生物医药产业集群。积极发展新能源和节能环保产业，推进新能源汽车整车产品规模化、重要零部件本地化、关键技术自主化，加快形成以柳州、南宁、桂林、贵港为核心的新能源汽车产业集群。

三是加快未来产业超前布局。广西应聚焦支柱产业和优势特色产业,瞄准人工智能、大数据、新型储能、生物制造等未来产业风口,梯度培育未来产业,推动未来产业高标准建设,构建未来产业体系。加强相关领域改革,放宽投资准入门槛,吸引民间资本、境外资本参与未来产业基础设施建设运营。紧盯技术前沿,强化广西大学、桂林理工大学、广西科技大学等相关学科教育,围绕智能制造、生物医药、材料工程、特色农业、海洋和绿色低碳发展等重点领域,建设国家级科研机构和联合实验室等创新平台,组织实施"科技搭桥行动",精准对接院士专家团队,通过"定向研发合作"方式联合攻关企业重大技术难题。依托区内高校、科研机构等重要科研基地,建设一批聚焦细分领域的科技成果中试基地、熟化基地和科研试验站等,为推动原创性基础研究成果的转化提供平台保障,开展重大科研任务,精准对接未来产业发展的核心技术问题。紧盯重点国别、重点产业和重点企业,主动嵌入重点区域、重点城市、重点产业,引进新一代信息技术、生物技术、新能源、新材料等优质产业项目。

四、加大科技投入力度,加快科技创新要素集聚

一是优化政府科研管理职能。加强科研管理协调联动机制建设,完善政府、科技界、企业界等共同决策和管理的机制,加强政府主管部门与专家学者的互动沟通。建立以专家为主导的科技评价体系,淡化科技奖励的附加功能,强化第三方评审机构的作用。调整财政资金的支持方向,加大对战略性、前沿性、基础性、长期性项目,以及对高水平科研机构、高等院校和基础研究领域的稳定支持力度。积极开放共享项目资助与管理信息,提高财政资金使用的公开性和透明度,加强对科研经费使用的动态监测和评估。加大对科研机构和高等院校科研经费管理质量的评估力度,强化高等院校和科研院所及科研人员的主体责任。明确法人单位科研经费管理责任,扩大法人单位科研经费使用自主权,支持科研事业单位探索试行更灵活的薪酬制度。加强科研经费使用的信用制

度建设，建立科研信用数据库，对相关人员的信用进行动态监测、评估管理。

二是构建多元化创新投入格局。加快形成以科技创业投资为重点的科技金融服务体系，引导资本投早、投小、投长期、投硬科技，引导金融活水进入创新沃土。加大对科技创新类中小企业风险分担和补偿力度，撬动更多金融资源投向科技创新领域。发挥"财金联动"政策作用，鼓励金融机构加大对科技型中小企业支持力度。落实国家和广西壮族自治区对企业加大研发投入支持政策，鼓励国有企业加大科技创新投入。强化法治保障，将财政科技投入情况作为人大审议政府年度预决算的重点内容。鼓励科技类企业建立研发准备金制度，明确研发项目并保障研发资金投入，健全研发准备金的预算、决算及过程性管控手段。

三是激发企业创新活力。促进资金向企业集聚，深化金融制度创新，实现创新链、产业链、资金链、人才链"四链"融合，破解企业特别是中小企业缺资金难题。促进人才向企业集聚，要打破人才流动限制，实现科技创新人才在企业和高校、科研机构之间的顺畅流动，破解企业缺人才难题。促进技术向企业集聚，以利益机制为纽带，推进产学研合作，鼓励产学研各方面开展各种形式的合作。积极培育创新型企业，不断提高创新型企业数量和质量。通过正向激励和反向倒逼相结合，激励和督促高新区内规模以上企业设立研发机构，对于创新研发等活动不能满足高新区入园条件的企业建立必要的退出机制。发挥企业家在把握创新方向、凝聚人才、筹措资金等方面的重要作用，依法保护企业家的财产权和创新收益。

四是加强技术研发和协同攻关。加强基础软件、核心软件、工业软件、大型行业应用软件等关键产品的研发，以及数字孪生、智能物联、区块链等应用技术研发，加快推进基础理论、核心算法、装备材料、工艺等研发突破和迭代升级。鼓励以数广集团、中国东信公司等领军企业为主体，建设一批市场导向、技术领先的工程研究中心和数字化转型促进中心，建立领军企业和高校、科研院所深度合作的协同攻关机制。鼓励企业引进和培育掌握先进关键技术人才和团队，围绕高精尖重点产业发展需求，加大对高校毕业生落户指标和人才引进指标支持力度。

五是促进科技成果转化。坚持科技创新与制度创新双轮驱动,加快把科技成果转化为现实生产力。建立以企业为主体、市场为导向,企业同科研机构、高等院校紧密合作的技术创新体系,加快创新成果转移转化。在课题遴选时强化需求导向、目标导向,从源头上提升论文、专利等成果的质量。加强成果转化的专业化机构和人才队伍建设,大力发展共性技术平台、中试验证平台,提高实验室成果的成熟度,让企业接得住、用得上。加强园区科技公共服务平台和创新平台载体建设,围绕广西重点产业和重点领域,支持企业申报国家和自治区实验室、重点实验室和企业技术中心。允许科技人员在科技成果转化收益分配上有更大自主权,建立职务科技成果资产单列管理制度,深化职务科技成果赋权改革。推进产学研合作范式从高校院所牵头主导向企业主导转变,为企业主导的产学研合作建立长效稳定的保障机制。鼓励新型研发机构与当地高校院所、企业、投融资平台、孵化器等开展合作,深度实施人员招聘自主化、薪酬激励绩效化、收益分配企业化的引人用人机制,增强新型研发机构的成果转化能力。

五、加大人才引育力度,加快提升科技创新能力

一是强化高层次人才引育服务体系建设。创新人才引育模式,探索高效灵活的人才引进、培育、使用、评价、激励和保障政策。重点建设一批高端科技人才培养基地,聚焦战略科学家、科技领军人才、创新团队、青年人才和卓越工程师队伍建设,进一步突出企事业单位在人才培养、使用中的主体地位,引导社会各方加大对科技人才开发的重视和投入。聚焦未来产业发展,加快储备包括量子信息、基因技术、未来网络等产业领军人才,培育一批掌握生物科技、数字科技领域前沿技术的高端科技人才。加大海外人才联络处建设力度,充分发挥科技组织平台作用,并以大项目大工程大平台为着力点开展多元化引才。建立健全产业专业知识与数字技能相结合的高层次人才培育长效机制,着力培养一批创意新、技术精、管理强的复合型高层次人才。鼓励企业引进和培

育掌握先进关键技术人才和团队，围绕高精尖重点产业发展需求加大高校毕业生落户指标和人才引进指标支持力度。

二是完善用才留才机制。集中力量建设一批重点实验室、高校院所和新型研发机构，努力培育一批一流科技型领军企业，完善高端人才服务载体。优化科技项目服务与实施流程，探索多元投入渠道，支持高端科技人才多层次参与运营，强化跟踪评价，提升全链条服务效能。创造条件为领军人才参与重点项目和重大工程、领衔一线生产难题攻关、总结推广绝招绝技等提供帮助。切实保护领军人才知识产权和技术创新成果转化权益。对工作中急需或退休后对工作带来较大影响的领军人才，符合国家统一规定的可延迟办理退休手续，并向所在地的人力资源社会保障部门备案。增加应用型人才认定标准、丰富细化人才评价指标，扩大人才认定领域，不断健全完善高层次科技人才的认定、评价和考核体系，构建充分体现知识、技术等创新要素价值的收益分配机制。

三是加强多层次人才培训服务。优化人才培养结构，着力培养一流科技领军人才和创新团队、青年科技人才等战略人才。全面提高人才培养的适应性，全方位加强基础学科人才培养，部署关键领域急需的高层次人才培养专项，加快卓越工程师培养，加强优秀哲学社会科学人才培养，加快造就更多拔尖创新人才。加快推行工学一体化技能人才培养模式，深入推进产教融合，支持行业企业、职业院校、职业培训机构、公共实训基地等，加强创新型、实用型专业技能人才培养培训。实施高技能领军人才培育计划、专业技术人才知识更新工程和职业技能提升行动，加强企业多层次人才培训，持续提升企业人才素质能力。

四是加大领军人才培育力度。加强对领军人才供给需求的预测，结合广西科技创新发展和产业结构变革趋势，制订行业领军人才专项培养计划。建立领军人才梯度培育信息库，摸清掌握领军人才及培育重点对象基本情况，有针对性地做好梯度培养及队伍建设工作。支持企业联合教育科研机构，通过合作培养、项目协作等方式，帮助领军人才及培育重点对象提高技术研发水平、经营管理水平。定期组织技能研修、同业交流、名师带徒等活动，提高领军人才的综合素质、技能水平和实践创新能力。支持开展高层次人才出国（境）培训交流，加强与共建"一带一路"国家人才国际交流，培养一批具有国际视野的骨干人才。

六、鼓励外贸新业态新模式发展，提升对外开放合作水平

一是拓展开放合作领域。把握中国—东盟自贸区3.0版建设、《区域全面经济伙伴关系协定》全面生效等合作契机，通过设立中国—东盟商事仲裁协作中心、加快中马"两国双园"升级发展等，稳步扩大制度型开放。支持扩大中国—东盟贸易投资本币结算规模、扩大人民币跨境支付系统在东盟国家的覆盖范围，提升金融服务水平。在贸易、产业、投资、商务等领域加强与东盟国家的合作，深化"你中有我、我中有你"的产业合作布局，构建稳定高效的中国—东盟产业链供应链体系。加快推进面向东盟科技创新合作区建设，在优势特色领域集聚大量国内外人才、技术、资本、数据等创新资源，推动要素流动更加通畅。主动构建跨境产业链供应链，形成同市场需求相适应、同跨境产业合作相匹配的创新要素多元供给体系。支持沿边临港园区建设留学人员创业园，建设中国—东盟现代工匠学院，提高面向东盟的教育合作水平，打造一批"小而美"的便利合作典范。

二是构建立体高效联通网络。高质量建设西部陆海新通道，积极推进与东盟国家的铁路、公路、海路等互联互通合作。加强与东盟国家的数字化通道合作，建立跨境电子商务、跨境物流等方面的标准规范和协调机制，促进区域内的贸易便利化和物流互联互通。加快建设南宁市、钦州市、北海市等重要物流枢纽，推进其智能化改造和升级，探索建立广西与周边省区的智慧物流合作机制，促进物流资源的优化配置和协同利用，形成区域内的智慧物流联盟和共同体。推进中国—东盟信息港建设，支持广西建设国际通信业务出入口局，建设面向东盟的算力枢纽和通信网络枢纽，培育中国—东盟大数据交易市场。以智慧海关建设为抓手，加速推动"智慧综保区"业务场景应用，为广西外贸发展提供有力支撑。

三是打造跨境数字产业链。依托中国（广西）自由贸易试验区，培育跨

境电子信息产业链、智能汽车跨境产业链，在边境地区打造面向东盟的区域性电子信息、智能汽车高端制造基地。推进跨境跨区域数字经济园区建设，与东盟国家合作建设一批境外数字产业园区，鼓励数字经济企业走出去，积极参与经贸合作区建设，支持建设立足广西面向东盟的区域性总部基地，推动中国—东盟信息港数字经济产业园建设。加快推进中国—东盟数字贸易中心、数字经贸服务中心建设。深化与东盟的数字产业配套合作，进一步拓展海外市场，丰富数字产品与服务的多样性，为跨境产业合作提供更广泛的创新场景。推进国家数字服务出口基地创建工程，支持广西龙头企业发展面向东盟的数字化流程外包、行业数字化服务、新零售运营服务等。

四是加快推动数字贸易发展。顺应服务贸易数字化、网络化、智能化、绿色化发展趋势，积极营造有利于新业态、新模式等发展的制度环境，细化完善支持数字贸易发展的政策措施。加快数字技术赋能，推动中国—东盟一般贸易、大宗贸易、边境贸易和加工贸易数字化升级。以"互联网+新外贸"为核心，升级打造外贸综合服务平台，全面提升外贸企业在拓客、履约、融资、供应链管控、智能生产等环节创新发展能力，积极培育外贸数字化发展新模式。推动边境贸易、加工贸易和边民互市贸易进口商品落地加工数字化、智能化升级，建设线上线下融合的边民互市贸易进口商品二级市场，探索实施数字贸易"百企入边"计划，形成中国—东盟智慧边贸集聚区。支持跨境电商企业在南宁建设物流中心仓，鼓励国内跨境电商、跨境物流企业走出去。创新跨境电子商务通关监管模式，提升跨境电子商务通关、退缴税、结付汇等业务申报、处理、监管的效率。支持建设跨境电商直播基地与主播培养基地，向东盟国家推广"跨境电商+网红直播"等新业态新模式。

参考文献

SAYEH A,2011. The quality of growth[J]. Finance & development(12):15-17.

ASIAN DEVELOPMENT BANK. Framework of inclusive growth indicators (2011—2014)[R]. Metro Manila:ADB.

RODRIK D,2000. Institutions for high-quality growth: what they are and how to acquire them[J]. Studies in comparative international development(Fall):3-30.

DOLLAR D,KLEINEBERG T,KRAAY A,2016. Growth still is good for the poor[J]. European economic review,81(C):68-85.

DOMAR F D,1947. Expansion and employment[J]. American economic review.

DOMAR E D,1948. The problem of capital accumulation[J]. American economic review.

PERROUX F,1950. Economic space:theory and applications[J]. Quarterly journalof economics,64(1):89-104.

BECKER G,1962. Investment in human capital: atheoretical analysis[J]. Journal of political economy,70(5):9-49.

BECKER G,1964. Human capital[M]. New York:Columbia University Press.

MARTINEZ M,MLACHILA M,2013. The quality of the recent high-growth episode in Sub-Saharan Africa[Z]. IMF Working Paper,WP/13/53.

MLACHILA M,2018. Regional spillovers in Sub-Saharan Africa[R]. International Monetary Fund.

MLACHILA M. SAMPAWENDE J A,2014. A quality of growth index for developing countries:a proposal[Z]. IMF Working Paper,WP/14/172.

ROMER P M,1994. The origins of endogenous growth[J]. The journal of economic perspectives,8(1):3-22.

BARRO R J,2003. Quantity and quality of economic growth[R]. Central Bank of Chile.

LUCAS R,1988. On the mechanics of economic development[J]. Journal of monetary economics,22(1):3-42.

ROBERT M,SOLOW A,1956. Contribution to the theory of economic growth[J]. Quarterly journal of economics(70):65-94.

HAROD R F,1948. Towards a dynamic economics: some recent developments ofeconomic theory and their application to policy[M]. London:Macmillan Press.

JHA S S,SANDHU S C,WACHIRAPUNYANONT R,2018. Inclusive green growth index:a new benchmark for quality of growth[R]. Asian Development Bank.

SCHULTZ T W S,1960. Capital formation by education[J]. Journal of Political Economy,68(6):571-583.

SCHULTZ T W,1961. Investment in human capital[J]. American economic review,51(1):1-17.

SWAN T,1956. Economic growth and capital accumulation[J]. Economic record,32(63):61-334

THOMAS V,DAILAMI M,DHARESHWAR A et al.,2000. The quality of growth[M]. Oxford:Oxford University Press.

WORLD ECONOMIC FORUM. The inclusive growth and development report (2015—2017)[R]. Geneva:WEF.

钞小静,任保平,2011. 中国经济增长质量的时序变化与地区差异分析[J]. 经济研究(4).

杜宇,黄成,吴传清,2020. 长江经济带工业高质量发展指数的时空格局演变[J]. 经济地理,40(8).

冯俏彬,2018. 我国经济高质量发展的五大特征与五大途径[J]. 中国党政干部论坛(1).

何立峰,2018. 深入贯彻新发展理念推动中国经济迈向高质量发展[J]. 宏观经济管理(4).

金碚,2018.关于"高质量发展"的经济学研究[J].中国工业经济(4).

李金昌,史龙梅,徐蔼婷,2019.高质量发展评价指标体系探讨[J].中国工业经济,36(1).

李志洋,朱启荣,2022.中国经济高质量发展水平的时空特征及其影响因素[J].统计与决策,38(6).

李子联,王爱民,2019.江苏高质量发展:测度评价与推进路径[J].江苏社会科学(1).

林珊珊,徐康宁,2022.中国高质量发展的测度评价:地区差异与动态演进[J].现代经济探讨(2).

刘迎秋,2018.中小民营企业及其高质量发展的路径选择[J].光彩(12).

刘志彪,2018.理解高质量发展:基本特征、支撑要素与当前重点问题[J].学术月刊,50(7).

江小国,何建波,方蕾,2019.制造业高质量发展水平测度、区域差异与提升路径[J].上海经济研究(7).

马茹,罗晖,王宏伟,等,2019.中国区域经济高质量发展评价指标体系及测度研究[J].中国软科学(7).

马欣,2019.我国少数民族地区工业高质量发展评价研究[J].内蒙古工业大学学报(3).

蒲晓晔,FIDRMUC J,2018.中国经济高质量发展的动力结构优化机理研究[J].西北大学学报(哲学社会科学版)(1).

史丹,李鹏,2019.我国经济高质量发展测度与国际比较[J].东南学术(5).

王薇,任保平,2015.我国经济增长数量与质量阶段性特征:1978—2014年[J].改革(8).

王忠辉,冯玉婷,张飞,2022.我国沿海省份经济高质量发展能力综合评价[J].统计与决策(9).

魏敏,李书昊,2018.新时代中国经济高质量发展水平的测度研究[J].数量经济技术经济研究,35(11).

魏修建,杨镒泽,吴刚,2020.中国省际高质量发展的测度与评价[J].统计与决策(13).

吴东武,史毓沛,叶勇博,2021.广东省制造业高质量发展水平评价研究[J].五邑大学学报(社会科学版),23(2).

辛岭,安晓宁,2019.我国农业高质量发展评价体系构建与测度分析[J].经济纵横(5).

徐瑞慧,2018.高质量发展指标及其影响因素[J].金融发展研究(10).

许冰,聂云霞,2021.制造业高质量发展指标体系构建与评价研究[J].技术经济与管理研究(9).

杨柳青青,李小平,2020.基于"五大发展理念"的中国少数民族地区高质量发展评价[J].中央民族大学学报(哲学社会科学版)(1).

杨新洪,2017."五大发展理念"统计评价指标体系构建——以深圳市为例[J].调研世界(7).

杨伟民,2018.贯彻中央经济工作会议精神推动高质量发展[J].宏观经济管理(2).

姚莉,2020.中部地区工业经济高质量发展水平评价[J].湖北社会科学(11).

张军扩,侯永志,刘培林,等,2019.高质量发展的目标要求和战略路径[J].管理世界,35(7).

赵慧卿,郝枫,2022.省域高质量发展水平的统计评价[J].统计与决策(15).

郑耀群,孙瑞环,2022.我国工业高质量发展评价与实现路径[J].科技管理研究(12).

附　录

附表1　2022年广西各市工业高质量发展水平得分

指标	总分	运行质量	科技创新	协调发展	绿色节约	开放合作	成果共享	排名
南宁市	71.5	47.8	97.0	60.2	76.9	79.9	76.2	1
柳州市	63.0	43.5	66.3	84.5	89.5	45.1	84.2	6
桂林市	65.3	53.8	71.4	76.0	97.1	41.4	71.1	5
梧州市	57.8	62.4	41.8	63.5	92.0	45.8	57.0	12
北海市	66.7	80.9	45.2	76.6	96.9	41.9	65.7	3
防城港市	68.3	76.8	60.0	61.2	72.8	52.8	86.0	2
钦州市	60.9	68.8	44.8	75.7	83.0	46.2	54.5	9
贵港市	55.1	58.3	40.7	77.7	83.0	43.6	40.0	13
玉林市	58.6	58.4	44.9	77.5	89.9	48.8	50.8	11
百色市	61.7	72.1	44.0	79.9	72.4	42.9	64.9	7
贺州市	58.9	61.9	41.6	79.8	91.9	40.8	56.8	10
河池市	60.9	66.2	42.5	88.7	84.8	43.5	55.1	8
来宾市	53.1	54.7	41.0	69.8	74.0	41.2	51.1	14
崇左市	65.5	72.2	42.6	71.2	71.3	86.2	59.9	4

数据来源:根据附表7A和附表7B计算得到。

附表2 2021年广西各市工业高质量发展水平得分

指标	总分	运行质量	科技创新	协调发展	绿色节约	开放合作	成果共享	排名
南宁市	71.0	50.6	91.8	61.6	95.6	66.3	76.8	1
柳州市	65.2	51.7	62.7	78.3	90.6	43.6	91.3	5
桂林市	62.5	50.0	65.8	67.6	94.9	44.0	72.4	9
梧州市	64.6	81.5	41.9	68.1	91.8	46.4	56.6	7
北海市	70.4	84.3	42.9	75.5	98.3	62.3	64.2	2
防城港市	65.9	68.3	59.6	52.1	75.1	64.7	86.8	4
钦州市	65.1	66.7	42.5	74.5	92.4	72.4	56.0	6
贵港市	55.6	62.1	41.2	64.9	80.6	46.0	40.0	13
玉林市	64.2	66.8	46.4	83.3	93.4	49.1	54.9	8
百色市	61.3	71.3	42.3	81.3	62.1	44.7	66.2	10
贺州市	57.2	59.6	40.7	67.0	91.5	40.0	57.8	12
河池市	58.4	56.9	42.7	88.4	74.9	41.4	56.7	11
来宾市	52.2	51.9	40.5	65.0	68.0	43.0	54.5	14
崇左市	67.2	82.5	43.8	67.2	72.9	74.1	60.1	3

数据来源:根据附表8A和附表8B计算得到。

附表3 2020年广西各市工业高质量发展水平得分

指标	总分	运行质量	科技创新	协调发展	绿色节约	开放合作	成果共享	排名
南宁市	71.7	61.5	90.8	55.0	97.0	57.2	71.5	1
柳州市	70.4	67.2	64.3	79.8	94.4	41.7	86.2	2
桂林市	64.5	58.0	65.3	67.6	92.0	42.5	71.1	6
梧州市	63.0	76.0	42.4	73.5	89.0	43.3	54.5	8
北海市	65.4	75.4	43.3	69.6	96.8	54.8	59.7	5
防城港市	70.3	76.3	60.4	73.3	70.1	57.1	87.1	3
钦州市	58.9	57.9	41.4	63.2	83.3	70.9	50.3	11
贵港市	58.1	70.9	41.4	63.6	85.5	44.2	40.9	13
玉林市	63.3	68.8	45.8	75.9	94.9	48.1	52.1	7
百色市	61.7	78.1	42.8	75.6	60.4	42.6	64.3	10
贺州市	58.8	64.0	41.3	70.0	89.2	40.2	55.8	12
河池市	61.9	68.5	42.3	82.8	87.7	40.4	54.2	9
来宾市	53.0	55.9	40.1	71.0	59.0	41.8	52.6	14
崇左市	65.5	78.8	41.7	66.8	73.9	75.0	58.7	4

数据来源：根据附表9A和附表9B计算得到。

附表4 2019年广西各市工业高质量发展水平得分

指标	总分	运行质量	科技创新	协调发展	绿色节约	开放合作	成果共享	排名
南宁市	75.1	57.6	100.0	67.9	94.9	56.2	78.6	1
柳州市	72.9	64.4	74.7	84.0	92.7	44.7	90.7	2
桂林市	65.0	55.2	67.6	68.8	94.6	44.5	71.9	5
梧州市	63.6	69.2	46.4	76.2	93.8	45.5	55.4	9
北海市	70.1	92.9	42.7	62.9	97.1	58.7	58.8	3
防城港市	64.2	71.6	55.1	54.5	62.7	57.7	89.1	7
钦州市	63.3	63.3	46.5	78.4	84.3	61.1	57.0	10
贵港市	59.7	66.2	42.9	82.0	79.7	45.9	40.0	12
玉林市	66.5	72.9	45.6	87.4	93.9	49.1	54.9	4
百色市	61.6	73.0	45.0	71.5	65.1	48.1	66.6	11
贺州市	58.5	63.4	43.4	63.9	88.7	40.2	58.2	13
河池市	63.7	63.3	44.9	92.4	93.0	40.2	61.6	8
来宾市	53.8	45.8	41.1	72.3	59.5	67.0	56.3	14
崇左市	64.9	64.8	45.3	77.7	65.2	87.4	62.2	6

数据来源：根据附表10A和附表10B计算得到。

附表5　2018年广西各市工业高质量发展水平得分

指标	总分	运行质量	科技创新	协调发展	绿色节约	开放合作	成果共享	排名
南宁市	73.1	55.3	98.1	68.0	90.2	49.3	82.6	2
柳州市	76.1	66.2	71.7	98.1	87.1	56.7	97.0	1
桂林市	66.9	55.3	72.9	76.4	94.6	42.5	72.6	4
梧州市	56.2	57.5	44.5	60.3	88.6	41.4	53.8	12
北海市	64.3	72.5	51.6	66.8	94.6	47.1	54.6	6
防城港市	65.0	66.5	59.6	62.0	57.2	60.9	90.1	5
钦州市	62.4	60.9	47.8	63.2	79.9	73.7	58.3	7
贵港市	58.2	64.0	40.8	92.8	76.4	42.2	40.0	10
玉林市	61.9	62.4	50.6	76.9	94.9	42.3	54.2	8
百色市	55.9	61.0	44.5	55.4	66.4	43.5	71.7	13
贺州市	58.1	58.0	43.3	81.5	80.2	40.7	59.6	11
河池市	61.2	59.3	46.8	87.7	92.0	40.8	56.3	9
来宾市	53.5	51.3	41.2	86.9	58.4	40.0	58.1	14
崇左市	72.4	94.4	42.5	87.4	71.9	72.6	62.1	3

数据来源：根据附表11A和附表11B计算得到。

附表6 2017年广西各市工业高质量发展水平得分

指标	总分	运行质量	科技创新	协调发展	绿色节约	开放合作	成果共享	排名
南宁市	76.6	59.4	97.0	83.1	93.9	52.4	78.4	1
柳州市	72.6	54.9	76.5	93.7	85.8	49.8	100.0	2
桂林市	62.2	53.2	70.4	57.0	91.0	41.4	68.2	8
梧州市	62.5	77.2	43.0	68.1	97.6	40.7	53.9	7
北海市	63.3	82.2	48.3	55.9	93.2	45.2	50.2	6
防城港市	68.3	65.2	62.1	61.2	65.6	84.7	82.2	4
钦州市	59.0	61.9	43.2	62.5	82.9	51.8	68.6	10
贵港市	52.7	56.8	40.5	82.4	60.7	41.4	41.5	13
玉林市	65.3	75.1	45.7	93.1	94.9	40.9	52.0	5
百色市	59.5	72.8	42.9	73.1	57.2	43.9	71.6	9
贺州市	53.0	50.5	42.2	69.7	74.8	40.4	57.1	12
河池市	56.4	53.8	44.8	76.5	85.2	40.6	55.5	11
来宾市	51.3	49.6	41.3	76.9	54.9	40.7	59.0	14
崇左市	68.8	86.4	43.6	76.2	80.2	71.7	58.3	3

数据来源:根据附表12A和附表12B计算得到。

附表7A 2022年广西各市指标数据标准化值（1）

指标	南宁市	柳州市	桂林市	梧州市	北海市	防城港市	钦州市
劳动生产率	41.98	51.09	40.03	50.46	78.79	100.00	69.52
地均增加值	48.31	40.00	42.73	52.32	100.00	56.51	42.78
工业增加值增长率	41.23	44.12	52.70	40.00	75.21	100.00	90.70
工业企业利润率	52.52	40.00	62.48	94.31	72.61	42.44	55.04
资产负债率	59.45	40.00	78.49	84.71	80.22	77.22	84.97
研发投入强度	90.79	75.08	65.21	42.83	48.92	100.00	49.35
有效发明专利数	100.00	62.70	71.18	41.46	44.49	40.90	41.91
发明专利授权数	100.00	61.48	77.38	41.24	42.43	40.11	43.10
工业产出波动	78.30	91.96	77.83	43.77	73.47	72.45	60.49
职工收入差距	57.11	100.00	81.10	75.00	94.21	40.00	72.34
固定资产投资增速	40.00	55.89	67.45	75.72	59.46	71.88	100.00
污水处理率	55.28	81.40	99.49	80.42	96.52	81.92	79.67
单位工业增加值能耗	94.19	91.08	93.49	100.00	94.90	40.00	74.24
单位工业增加值水耗	89.29	99.82	97.64	100.00	99.84	97.81	98.46
外贸依存度	60.30	41.81	42.02	41.60	43.75	54.36	50.32
外资依存度	100.00	48.47	40.74	50.16	40.00	51.27	41.94
就业人员平均工资	71.96	70.51	46.89	43.76	51.35	100.00	54.29
社会保障参加率	80.96	100.00	98.91	72.14	82.20	69.83	54.68

数据来源：根据附表13A和附表13B计算得到。

附表 7B 2022 年广西各市指标数据标准化值（2）

指标	贵港市	玉林市	百色市	贺州市	河池市	来宾市	崇左市
劳动生产率	48.19	40.00	81.76	66.33	58.67	44.59	48.78
地均增加值	45.67	69.20	65.80	48.08	49.02	42.95	56.71
工业增加值增长率	43.91	46.26	72.21	64.14	68.37	78.01	74.04
工业企业利润率	66.78	58.57	77.39	69.84	93.78	51.97	100.00
资产负债率	100.00	90.88	58.20	58.72	58.65	52.84	86.76
研发投入强度	40.00	44.59	50.17	43.52	47.48	42.42	46.83
有效发明专利数	41.16	45.75	41.10	40.75	40.15	40.00	40.01
发明专利授权数	41.05	44.34	40.97	40.61	40.00	40.47	41.05
工业产出波动	94.20	66.29	70.28	80.94	100.00	69.65	40.00
职工收入差距	61.28	91.51	93.62	77.14	75.48	60.20	90.26
固定资产投资增速	75.51	75.27	76.08	81.51	89.80	81.73	89.41
污水处理率	78.67	83.67	59.47	91.45	66.75	100.00	40.00
单位工业增加值能耗	87.29	91.29	66.96	87.09	95.33	69.47	88.28
单位工业增加值水耗	84.46	97.59	98.58	98.21	99.70	40.00	98.55
外贸依存度	40.34	40.28	44.49	40.13	41.28	40.00	100.00
外资依存度	46.88	57.59	41.28	41.52	45.75	42.50	72.07
就业人员平均工资	40.00	51.39	65.02	53.18	49.40	43.36	49.60
社会保障参加率	40.00	50.01	64.70	60.85	61.67	60.03	71.79

数据来源：根据附表 13A 和附表 13B 计算得到。

附表8A 2021年广西各市指标数据标准化值（1）

指标	南宁市	柳州市	桂林市	梧州市	北海市	防城港市	钦州市
劳动生产率	43.67	59.28	40.00	60.28	100.00	93.62	69.58
地均增加值	53.52	40.11	40.30	65.49	86.57	56.64	40.00
工业增加值增长率	61.22	40.00	54.19	99.91	78.29	66.71	86.26
工业企业利润率	40.00	46.27	51.59	100.00	68.63	53.13	58.81
资产负债率	55.60	72.34	71.51	100.00	79.88	67.51	91.89
研发投入强度	74.23	70.31	56.27	41.44	40.40	100.00	42.94
有效发明专利数	100.00	63.03	69.98	43.05	44.80	41.07	41.87
发明专利授权数	100.00	55.20	70.46	41.29	43.48	40.00	42.71
工业产出波动	74.38	88.36	80.91	43.77	69.72	83.17	59.99
职工收入差距	51.51	100.00	71.86	68.72	82.01	40.00	66.68
固定资产投资增速	62.13	46.38	52.08	87.24	72.99	40.00	94.71
污水处理率	97.84	86.16	95.05	82.62	100.00	85.84	98.74
单位工业增加值能耗	95.03	90.38	92.35	100.00	94.36	40.00	77.56
单位工业增加值水耗	91.68	99.44	97.90	99.82	100.00	97.33	98.34
外贸依存度	54.05	41.99	41.80	40.65	43.47	59.62	44.40
外资依存度	78.46	45.17	46.24	52.14	80.82	69.75	100.00
就业人员平均工资	76.82	84.11	51.02	44.42	53.08	100.00	60.35
社会保障参加率	76.77	100.00	98.19	71.28	77.67	70.85	50.82

数据来源：根据附表14A和附表14B计算得到。

附表 8B 2021 年广西各市指标数据标准化值（2）

指标	贵港市	玉林市	百色市	贺州市	河池市	来宾市	崇左市
劳动生产率	50.47	43.46	82.56	71.23	57.92	44.69	58.51
地均增加值	48.54	79.56	79.26	46.51	59.04	42.10	100.00
工业增加值增长率	62.95	81.10	73.90	86.77	59.92	79.71	100.00
工业企业利润率	62.30	53.25	63.14	51.49	57.13	67.53	84.73
资产负债率	94.29	77.46	50.93	49.15	49.91	40.00	71.81
研发投入强度	40.93	51.44	44.59	40.00	47.74	41.35	49.69
有效发明专利数	41.32	46.00	41.13	40.78	40.39	40.00	40.04
发明专利授权数	41.38	42.15	41.17	41.32	40.12	40.34	42.12
工业产出波动	89.54	65.48	64.69	74.83	100.00	71.40	40.00
职工收入差距	47.44	88.16	82.26	52.77	69.30	41.52	81.46
固定资产投资增速	64.03	92.40	93.76	76.11	100.00	85.61	73.53
污水处理率	71.76	90.94	40.00	91.91	49.99	83.87	50.29
单位增加值能耗	87.97	93.78	67.95	85.14	94.53	65.41	88.47
单位增加值水耗	88.72	97.67	98.25	98.35	99.64	40.00	98.20
外贸依存度	40.22	40.18	45.32	40.07	41.40	40.00	100.00
外资依存度	51.74	57.82	44.11	40.00	41.41	45.98	48.59
就业人员平均工资	40.00	58.11	67.04	55.07	51.32	49.77	51.40
社会保障参加率	40.00	51.02	65.29	60.97	63.17	60.15	70.66

数据来源：根据附表 14A 和附表 14B 计算得到。

附表9A 2020年广西各市指标数据标准化值（1）

指标	南宁市	柳州市	桂林市	梧州市	北海市	防城港市	钦州市
劳动生产率	47.73	83.17	45.44	47.95	87.80	100.00	62.04
地均增加值	65.03	54.07	48.19	64.85	94.11	66.61	40.00
工业增加值增长率	74.52	65.19	78.60	96.66	40.00	84.25	40.91
工业企业利润率	55.19	55.52	40.00	100.00	57.97	49.97	67.01
资产负债率	69.38	75.11	88.13	94.69	83.90	67.08	93.20
研发投入强度	71.47	71.18	56.24	42.84	42.64	100.00	41.86
有效发明专利数	100.00	66.01	70.11	43.37	44.90	41.57	42.06
发明专利授权数	100.00	55.91	69.10	40.88	42.38	41.59	40.35
工业产出波动	70.18	95.26	77.75	54.20	69.90	84.61	56.33
职工收入差距	57.59	100.00	67.17	73.70	42.52	63.76	49.31
固定资产投资增速	40.00	44.64	60.10	88.56	100.00	74.95	84.23
污水处理率	100.00	89.75	85.15	68.21	98.77	89.34	83.60
单位工业增加值能耗	96.17	95.06	94.13	100.00	93.52	40.00	74.98
单位工业增加值水耗	93.98	100.00	98.23	99.51	99.96	97.96	98.42
外贸依存度	48.69	40.51	40.87	40.66	42.96	53.02	43.86
外资依存度	66.32	42.91	44.18	46.11	67.61	61.52	100.00
就业人员平均工资	68.09	75.50	48.86	41.87	40.00	100.00	49.23
社会保障参加率	75.86	100.00	99.95	70.91	85.29	70.26	51.64

数据来源：根据附表15A和附表15B计算得到。

附表 9B 2020 年广西各市指标数据标准化值（2）

指标	贵港市	玉林市	百色市	贺州市	河池市	来宾市	崇左市
劳动生产率	54.88	40.00	86.50	58.91	60.75	42.62	51.20
地均增加值	57.07	94.98	92.86	50.57	73.86	45.77	100.00
工业增加值增长率	90.55	64.07	83.18	93.07	89.47	82.36	100.00
工业企业利润率	68.58	65.58	50.96	55.34	59.20	79.38	69.91
资产负债率	100.00	84.03	58.48	67.66	55.93	40.00	73.79
研发投入强度	41.51	47.76	45.71	41.68	46.41	40.00	43.26
有效发明专利数	41.77	47.12	41.38	40.86	40.78	40.13	40.00
发明专利授权数	40.79	42.65	41.32	41.50	40.00	40.18	42.03
工业产出波动	89.72	76.09	58.65	87.51	100.00	80.25	40.00
职工收入差距	49.04	94.55	87.87	55.11	63.93	40.00	75.21
固定资产投资增速	59.18	54.54	75.26	72.78	90.41	98.76	78.66
污水处理率	82.86	92.21	40.00	92.31	70.03	85.16	51.93
单位工业增加值能耗	84.06	95.76	56.58	81.55	95.48	48.16	79.21
单位工业增加值水耗	91.98	97.12	98.20	98.77	99.47	40.00	97.01
外贸依存度	40.04	40.13	43.70	40.09	40.71	40.00	100.00
外资依存度	48.70	56.77	41.46	40.25	40.00	43.68	48.00
就业人员平均工资	41.63	53.55	62.49	52.68	45.34	45.25	48.54
社会保障参加率	40.00	50.32	66.58	59.74	65.77	62.16	71.77

数据来源：根据附表 15A 和附表 15B 计算得到。

附表10A 2019年广西各市指标数据标准化值（1）

指标	南宁市	柳州市	桂林市	梧州市	北海市	防城港市	钦州市
劳动生产率	47.14	79.70	44.86	47.98	100.00	98.43	72.84
地均增加值	57.71	49.50	44.86	55.70	91.45	57.55	40.00
工业增加值增长率	66.36	79.12	60.84	69.25	81.82	80.77	71.73
工业企业利润率	56.47	53.90	60.12	100.00	96.33	49.22	54.15
资产负债率	73.77	68.22	87.10	95.57	84.65	71.86	100.00
研发投入强度	100.00	93.45	66.60	52.63	40.00	82.68	55.21
有效发明专利数	100.00	68.37	72.02	43.68	45.00	41.05	42.29
发明专利授权数	100.00	61.91	63.74	42.89	42.89	41.83	41.91
工业产出波动	69.28	99.74	78.69	57.50	75.96	87.34	60.27
职工收入差距	66.28	100.00	73.69	85.60	61.21	40.00	66.07
固定资产投资增速	67.80	63.41	59.02	83.90	54.63	40.00	98.54
污水处理率	99.64	86.55	99.97	84.69	100.00	55.33	91.42
单位工业增加值能耗	93.87	93.73	91.43	100.00	93.60	50.91	72.04
单位工业增加值水耗	89.51	100.00	92.51	95.75	99.50	97.70	97.55
外贸依存度	45.73	40.42	40.82	40.76	42.44	53.63	42.68
外资依存度	69.02	49.92	48.90	51.25	78.57	62.73	83.72
就业人员平均工资	76.58	83.22	56.13	45.29	44.79	100.00	58.98
社会保障参加率	81.13	100.00	91.45	67.94	76.24	75.52	54.50

数据来源：根据附表16A和附表16B计算得到。

附表 10B 2019 年广西各市指标数据标准化值（2）

指标	贵港市	玉林市	百色市	贺州市	河池市	来宾市	崇左市
劳动生产率	51.44	40.00	78.32	67.33	59.27	47.96	41.40
地均增加值	49.45	100.00	87.40	44.56	60.12	42.98	88.26
工业增加值增长率	77.88	70.33	78.44	100.00	90.89	65.95	40.00
工业企业利润率	83.97	70.97	50.90	54.20	59.25	40.00	65.94
资产负债率	96.94	88.69	59.94	79.91	62.54	40.00	80.93
研发投入强度	45.91	42.84	51.80	47.42	52.26	42.88	54.64
有效发明专利数	41.74	48.00	41.22	40.99	40.50	40.30	40.00
发明专利授权数	41.06	45.65	42.12	42.00	42.12	40.00	41.36
工业产出波动	92.80	75.11	59.27	88.09	100.00	83.41	40.00
职工收入差距	78.43	95.47	89.85	70.64	70.37	66.63	87.54
固定资产投资增速	76.59	91.22	69.27	42.93	100.00	67.80	98.54
污水处理率	77.36	93.46	67.27	98.06	89.54	97.23	40.00
单位工业增加值能耗	78.04	94.15	47.88	76.55	92.88	40.00	69.91
单位工业增加值水耗	86.61	94.02	96.06	98.38	98.67	40.00	95.04
外贸依存度	40.16	40.29	42.62	40.08	40.39	40.00	100.00
外资依存度	53.01	59.87	54.70	40.26	40.00	100.00	71.99
就业人员平均工资	40.00	58.12	62.89	57.89	53.98	52.92	53.25
社会保障参加率	40.00	50.85	71.17	58.56	71.08	60.44	73.33

数据来源：根据附表 16A 和附表 16B 计算得到。

附表11A 2018年广西各市指标数据标准化值（1）

指标	南宁市	柳州市	桂林市	梧州市	北海市	防城港市	钦州市
劳动生产率	50.48	69.74	47.83	40.70	84.11	100.00	63.85
地均增加值	50.09	43.99	42.19	47.55	61.86	46.28	40.00
工业增加值增长率	55.43	94.72	59.07	40.00	73.65	67.27	68.78
工业企业利润率	52.10	58.54	53.89	79.15	64.77	51.99	51.91
资产负债率	76.66	72.85	88.41	100.00	80.04	62.19	93.95
研发投入强度	94.22	78.11	70.04	43.98	62.20	100.00	58.49
有效发明专利数	100.00	69.88	74.98	44.11	45.60	40.53	42.47
发明专利授权数	100.00	67.26	73.46	45.32	47.61	40.00	42.94
工业产出波动	57.70	100.00	66.81	40.00	60.88	72.14	51.19
职工收入差距	68.65	100.00	79.34	74.73	64.34	40.00	62.32
固定资产投资增速	86.74	92.71	91.38	83.43	80.44	65.69	86.57
污水处理率	88.22	77.85	100.00	70.05	99.60	48.39	84.64
单位工业增加值能耗	93.68	88.02	92.02	100.00	88.74	45.49	67.94
单位工业增加值水耗	86.10	100.00	91.56	94.06	98.91	95.70	97.36
外贸依存度	54.05	41.07	41.90	41.44	48.84	78.28	48.35
外资依存度	44.36	72.96	43.11	41.45	45.23	42.77	100.00
就业人员平均工资	84.43	95.08	61.07	45.06	42.33	100.00	60.90
社会保障参加率	79.69	100.00	90.90	67.54	74.03	74.46	54.19

数据来源：根据附表17A和附表17B计算得到。

附表11B 2018年广西各市指标数据标准化值（2）

指标	贵港市	玉林市	百色市	贺州市	河池市	来宾市	崇左市
劳动生产率	40.00	42.03	69.49	53.31	51.52	54.18	80.68
地均增加值	41.88	75.58	60.15	40.92	43.36	43.59	100.00
工业增加值增长率	91.62	55.52	56.17	86.45	93.70	77.97	100.00
工业企业利润率	73.08	61.36	47.78	46.45	58.52	40.00	100.00
资产负债率	98.00	83.62	70.68	74.12	57.78	40.00	93.72
研发投入强度	40.00	53.16	48.18	45.66	56.77	41.67	45.47
有效发明专利数	41.37	48.27	41.27	42.71	41.08	40.19	40.00
发明专利授权数	40.93	50.67	44.35	41.69	43.22	41.69	42.17
工业产出波动	96.24	61.13	42.47	86.96	92.97	84.94	80.05
职工收入差距	79.66	91.37	93.78	84.09	73.11	80.35	91.13
固定资产投资增速	100.00	91.55	40.00	68.51	92.71	97.35	97.51
污水处理率	79.03	99.95	84.18	93.37	96.74	85.19	40.00
单位工业增加值能耗	72.42	92.22	40.00	63.23	85.99	46.96	82.98
单位工业增加值水耗	80.73	92.30	93.82	95.08	97.01	40.00	99.43
外贸依存度	40.30	40.68	46.67	40.39	41.64	40.00	100.00
外资依存度	44.26	43.96	40.14	41.00	40.00	40.01	44.01
就业人员平均工资	40.00	56.40	73.74	62.40	47.84	56.36	54.79
社会保障参加率	40.00	50.82	68.50	55.02	69.69	60.78	73.59

数据来源：根据附表17A和附表17B计算得到。

附表12A 2017年广西各市指标数据标准化值（1）

指标	南宁市	柳州市	桂林市	梧州市	北海市	防城港市	钦州市
劳动生产率	58.94	58.72	48.92	50.50	83.67	100.00	55.82
地均增加值	47.26	42.73	46.44	69.83	72.41	50.42	41.42
工业增加值增长率	73.82	70.74	40.00	78.71	95.73	69.91	98.33
工业企业利润率	56.07	51.55	54.97	100.00	89.93	54.09	58.10
资产负债率	78.51	65.94	86.88	100.00	78.28	59.86	86.07
研发投入强度	91.70	84.19	63.63	41.04	53.71	100.00	43.94
有效发明专利数	100.00	71.94	79.50	43.61	44.36	40.69	42.35
发明专利授权数	100.00	72.33	68.00	44.84	46.13	40.00	43.27
工业产出波动	95.96	90.85	54.85	53.58	52.80	65.17	40.00
职工收入差距	66.30	100.00	77.02	75.73	56.99	40.00	74.24
固定资产投资增速	78.68	92.07	40.00	84.63	59.83	76.20	88.10
污水处理率	95.44	91.86	87.48	92.74	98.82	83.56	93.67
单位工业增加值能耗	93.37	76.20	91.45	100.00	86.66	40.00	68.93
单位工业增加值水耗	92.86	98.82	94.90	99.15	100.00	97.71	98.97
外贸依存度	47.16	41.38	41.18	40.69	45.15	70.92	50.02
外资依存度	58.09	59.17	41.58	40.62	45.34	100.00	53.77
就业人员平均工资	80.88	100.00	55.94	45.40	40.00	88.27	78.45
社会保障参加率	74.26	100.00	88.33	67.82	67.03	72.24	52.30

数据来源：根据附表18A和附表18B计算得到。

附表 12B 2017 年广西各市指标数据标准化值（2）

指标	贵港市	玉林市	百色市	贺州市	河池市	来宾市	崇左市
劳动生产率	40.00	45.20	79.46	51.06	49.51	55.61	71.71
地均增加值	41.14	100.00	75.55	40.00	43.61	43.66	94.90
工业增加值增长率	81.10	69.92	100.00	51.11	76.78	76.48	93.88
工业企业利润率	57.08	60.65	48.20	50.31	56.10	40.00	82.35
资产负债率	92.33	85.40	62.56	74.55	57.10	40.00	85.33
研发投入强度	40.00	40.55	45.49	42.06	50.70	42.03	47.13
有效发明专利数	40.46	47.94	40.49	43.64	40.71	40.10	40.00
发明专利授权数	41.32	49.54	42.39	40.77	42.17	41.65	43.34
工业产出波动	90.13	100.00	49.70	67.41	80.72	65.76	57.40
职工收入差距	52.87	83.90	91.86	73.00	69.45	74.67	84.61
固定资产投资增速	100.00	91.07	93.06	70.25	76.69	98.02	99.01
污水处理率	53.86	100.00	40.00	82.11	92.21	77.69	89.72
单位工业增加值能耗	52.99	90.98	49.85	60.98	75.62	47.22	65.94
单位工业增加值水耗	87.43	96.43	97.77	95.42	96.61	40.00	98.61
外贸依存度	40.40	40.35	43.58	40.00	41.20	40.08	100.00
外资依存度	42.44	41.45	44.18	40.94	40.00	41.33	40.31
就业人员平均工资	42.35	52.76	74.16	59.51	47.44	58.75	49.06
社会保障参加率	40.00	50.61	67.49	53.11	68.59	59.52	73.54

数据来源：根据附表 18A 和附表 18B 计算得到。

附表13A 2022年广西各市指标数据（1）

指标	南宁市	柳州市	桂林市	梧州市	北海市	防城港市	钦州市
劳动生产率	328 299	456 836	300 824	448 036	847 518	1 146 765	716 855
地均增加值	34.98	18.43	23.86	42.97	137.98	51.32	23.97
工业增加值增长率	-0.006	0.013	0.070	-0.014	0.219	0.384	0.322
工业企业利润率	0.022	0.003	0.037	0.086	0.053	0.007	0.026
资产负债率	0.698	0.748	0.649	0.633	0.644	0.652	0.632
研发投入强度	33 343	24 435	18 836	6 148	9 601	38 561	9 843
有效发明专利数	11 822	4 793	6 390	790	1 361	684	874
发明专利授权数	2 214	821	1 396	89	132	48	156
工业产出波动	0.169	0.088	0.172	0.376	0.198	0.204	0.276
职工收入差距	1.883	1.042	1.413	1.532	1.155	2.219	1.584
固定资产投资增速	-0.178	-0.070	0.008	0.064	-0.046	0.038	0.229
污水处理率	0.981	0.992	0.999	0.991	0.998	0.992	0.991
单位工业增加值能耗	0.744	0.897	0.778	0.457	0.709	3.414	1.727
单位工业增加值水耗	91.29	12.28	28.66	10.96	12.18	27.34	22.51
外贸依存度	2.356	0.280	0.305	0.257	0.499	1.689	1.236
外资依存度	16.72	2.694	0.590	3.153	0.388	3.455	0.915
就业人员平均工资	97 213	95 629	69 799	66 376	74 678	127 877	77 891
社会保障参加率	0.360	0.434	0.430	0.326	0.365	0.317	0.258

数据来源：根据附表19A和附表19B计算得到。

附表 13B 2022 年广西各市指标数据（2）

指标	贵港市	玉林市	百色市	贺州市	河池市	来宾市	崇左市
劳动生产率	415 952	300 421	889 450	671 781	563 830	365 180	424 232
地均增加值	29.72	76.60	69.83	34.53	36.40	24.30	51.72
工业增加值增长率	0.012	0.027	0.199	0.146	0.174	0.238	0.211
工业企业利润率	0.044	0.031	0.060	0.049	0.085	0.021	0.095
资产负债率	0.593	0.617	0.701	0.699	0.700	0.715	0.627
研发投入强度	4 544	7 149	10 311	6 539	8 782	5 917	8 418
有效发明专利数	733	1 598	722	655	542	514	516
发明专利授权数	82	201	79	66	44	61	82
工业产出波动	0.075	0.241	0.217	0.154	0.040	0.221	0.398
职工收入差距	1.801	1.208	1.167	1.490	1.523	1.823	1.233
固定资产投资增速	0.063	0.061	0.067	0.103	0.160	0.105	0.157
污水处理率	0.990	0.993	0.982	0.996	0.985	1.000	0.974
单位工业增加值能耗	1.084	0.887	2.086	1.094	0.688	1.962	1.035
单位工业增加值水耗	127.50	29.01	21.58	24.40	13.21	460.80	21.79
外贸依存度	0.116	0.109	0.582	0.092	0.222	0.078	6.813
外资依存度	2.260	5.177	0.737	0.801	1.953	1.069	9.118
就业人员平均工资	62 263	74 723	89 624	76 675	72 545	65 941	72 758
社会保障参加率	0.201	0.240	0.297	0.282	0.285	0.279	0.324

数据来源：根据附表 19A 和附表 19B 计算得到。

附表 14A 2021 年广西各市指标数据（1）

指标	南宁市	柳州市	桂林市	梧州市	北海市	防城港市	钦州市
劳动生产率	338 679	505 272	299 526	516 009	939 919	871 813	615 209
地均增加值	33.53	18.26	18.47	47.17	71.17	37.09	18.13
工业增加值增长率	0.105	-0.180	0.010	0.623	0.334	0.178	0.440
工业企业利润率	0.033	0.043	0.051	0.124	0.077	0.053	0.062
资产负债率	0.678	0.631	0.633	0.554	0.610	0.645	0.576
研发投入强度	30 100	27 098	16 327	4 954	4 153	49 870	6 103
有效发明专利数	10 284	4 249	5 383	988	1 273	664	796
发明专利授权数	1 994	538	1 034	86	157	44	132
工业产出波动	0.190	0.102	0.149	0.381	0.219	0.134	0.280
职工收入差距	1.752	0.913	1.399	1.454	1.224	1.951	1.489
固定资产投资增速	0.031	-0.085	-0.043	0.216	0.111	-0.132	0.271
污水处理率	0.996	0.990	0.995	0.988	0.997	0.990	0.997
单位工业增加值能耗	0.749	1.066	0.932	0.410	0.795	4.504	1.941
单位工业增加值水耗	106.70	16.39	34.24	11.91	9.84	40.94	29.17
外贸依存度	1.910	0.336	0.312	0.161	0.530	2.638	0.651
外资依存度	11.290	2.798	3.070	4.577	11.890	9.065	16.780
就业人员平均工资	94 325	101 312	69 565	63 238	71 548	116 562	78 518
社会保障参加率	0.334	0.425	0.418	0.313	0.338	0.311	0.233

数据来源：根据附表 20A 和附表 20B 计算得到。

附表14B 2021年广西各市指标数据（2）

指标	贵港市	玉林市	百色市	贺州市	河池市	来宾市	崇左市
劳动生产率	411 324	336 450	753 769	632 887	490 767	349 579	497 111
地均增加值	27.86	63.19	62.86	25.55	39.82	20.52	86.47
工业增加值增长率	0.128	0.371	0.275	0.447	0.087	0.353	0.625
工业企业利润率	0.067	0.053	0.068	0.051	0.059	0.075	0.101
资产负债率	0.570	0.617	0.691	0.696	0.694	0.722	0.633
研发投入强度	4 563	12 619	7 367	3 846	9 783	4 878	11 275
有效发明专利数	705	1 469	675	617	554	490	497
发明专利授权数	89	114	82	87	48	55	113
工业产出波动	0.095	0.245	0.250	0.187	0.029	0.208	0.405
职工收入差距	1.822	1.118	1.220	1.730	1.444	1.924	1.233
固定资产投资增速	0.045	0.254	0.264	0.134	0.310	0.204	0.115
污水处理率	0.983	0.993	0.966	0.993	0.971	0.989	0.971
单位工业增加值能耗	1.231	0.834	2.597	1.424	0.783	2.770	1.197
单位工业增加值水耗	141.20	37.02	30.27	29.03	14.02	708.3	30.77
外贸依存度	0.106	0.100	0.772	0.086	0.259	0.077	7.909
外资依存度	4.473	6.024	2.526	1.479	1.838	3.004	3.671
就业人员平均工资	58 994	76 372	84 934	73 454	69 858	68 369	69 927
社会保障参加率	0.191	0.234	0.290	0.273	0.281	0.270	0.311

数据来源：根据附表20A和附表20B计算得到。

附表15A 2020年广西各市指标数据（1）

指标	南宁市	柳州市	桂林市	梧州市	北海市	防城港市	钦州市
劳动生产率	329 278	633 755	309 591	331 194	673 508	778 361	452 194
地均增加值	30.36	22.58	18.40	30.23	51.00	31.48	12.59
工业增加值增长率	0.001	-0.040	0.018	0.098	-0.151	0.043	-0.147
工业企业利润率	0.040	0.041	0.008	0.134	0.046	0.029	0.065
资产负债率	0.665	0.642	0.592	0.566	0.608	0.674	0.572
研发投入强度	28 263	28 019	15 343	3 978	3 810	52 459	3 148
有效发明专利数	8 739	4 023	4 592	883	1 095	633	701
发明专利授权数	1 420	420	719	79	113	95	67
工业产出波动	0.182	0.068	0.148	0.255	0.183	0.117	0.245
职工收入差距	1.655	0.942	1.494	1.385	1.909	1.552	1.795
固定资产投资增速	-0.025	-0.010	0.040	0.132	0.169	0.088	0.118
污水处理率	1.000	0.990	0.986	0.969	0.999	0.990	0.984
单位工业增加值能耗	0.773	0.838	0.892	0.549	0.928	4.056	2.011
单位工业增加值水耗	103.10	15.26	41.10	22.35	15.87	45.04	38.35
外贸依存度	1.689	0.180	0.248	0.209	0.633	2.486	0.798
外资依存度	9.314	2.247	2.631	3.212	9.705	7.864	19.48
就业人员平均工资	88 263	96 788	66 112	58 066	55 911	125 008	66 539
社会保障参加率	0.312	0.402	0.402	0.293	0.347	0.291	0.221

数据来源：根据附表21A和附表21B计算得到。

附表 15B 2020 年广西各市指标数据（2）

指标	贵港市	玉林市	百色市	贺州市	河池市	来宾市	崇左市
劳动生产率	390 733	262 885	662 378	425 337	441 191	285 387	359 089
地均增加值	24.71	51.62	50.11	20.09	36.62	16.69	55.18
工业增加值增长率	0.071	-0.045	0.039	0.082	0.066	0.035	0.112
工业企业利润率	0.068	0.062	0.031	0.040	0.048	0.091	0.071
资产负债率	0.545	0.608	0.707	0.672	0.717	0.780	0.648
研发投入强度	2 851	8 149	6 418	2 993	7 011	1 571	4 338
有效发明专利数	661	1 403	606	534	523	433	415
发明专利授权数	77	119	89	93	59	63	105
工业产出波动	0.093	0.155	0.235	0.103	0.047	0.136	0.320
职工收入差距	1.799	1.034	1.146	1.697	1.549	1.951	1.359
固定资产投资增速	0.037	0.022	0.089	0.081	0.138	0.165	0.100
污水处理率	0.983	0.992	0.941	0.992	0.971	0.986	0.953
单位工业增加值能耗	1.481	0.797	3.087	1.627	0.813	3.579	1.764
单位工业增加值水耗	132.30	57.26	41.50	33.29	23.01	891.40	58.93
外贸依存度	0.094	0.111	0.768	0.103	0.218	0.087	11.140
外资依存度	3.996	6.430	1.809	1.443	1.368	2.480	3.784
就业人员平均工资	57 787	71 512	81 815	70 508	62 065	61 953	65 743
社会保障参加率	0.177	0.216	0.277	0.251	0.274	0.260	0.296

数据来源：根据附表 21A 和附表 21B 计算得到。

附表16A 2019年广西各市指标数据（1）

指标	南宁市	柳州市	桂林市	梧州市	北海市	防城港市	钦州市
劳动生产率	325 238	620 963	304 506	332 876	805 308	791 066	558 616
地均增加值	30.34	23.12	19.03	28.58	60.05	30.21	14.75
工业增加值增长率	-0.252	-0.079	-0.327	-0.213	-0.043	-0.057	-0.179
工业企业利润率	0.042	0.037	0.049	0.128	0.121	0.028	0.037
资产负债率	0.658	0.685	0.592	0.550	0.604	0.667	0.528
研发投入强度	29 293	26 128	13 160	6 410	311	20 926	7 659
有效发明专利数	7 813	3 857	4 314	769	934	440	595
发明专利授权数	1 439	542	585	94	94	69	71
工业产出波动	0.192	0.064	0.153	0.242	0.164	0.116	0.230
职工收入差距	1.818	0.989	1.636	1.343	1.943	2.464	1.823
固定资产投资增速	0.099	0.096	0.093	0.110	0.090	0.080	0.120
污水处理率	0.984	0.829	0.988	0.807	0.988	0.460	0.887
单位工业增加值能耗	0.783	0.790	0.906	0.475	0.797	2.943	1.880
单位工业增加值水耗	154.60	29.90	118.9	80.44	35.86	57.28	59.02
外贸依存度	1.282	0.164	0.247	0.235	0.589	2.948	0.638
外资依存度	6.883	3.176	2.979	3.434	8.737	5.663	9.736
就业人员平均工资	81 702	87 734	63 127	53 280	52 826	102 975	65 719
社会保障参加率	0.339	0.425	0.386	0.278	0.316	0.313	0.217

数据来源：根据附表22A和附表22B计算得到。

附表16B 2019年广西各市指标数据（2）

指标	贵港市	玉林市	百色市	贺州市	河池市	来宾市	崇左市
劳动生产率	364 224	260 361	608 440	508 561	435 337	332 686	273 087
地均增加值	23.07	67.58	56.48	18.77	32.46	17.38	57.24
工业增加值增长率	-0.096	-0.199	-0.089	0.203	0.080	-0.258	-0.609
工业企业利润率	0.096	0.071	0.031	0.037	0.047	0.009	0.061
资产负债率	0.543	0.584	0.726	0.627	0.713	0.825	0.622
研发投入强度	3 167	1 685	6 013	3 894	6 231	1 703	7 381
有效发明专利数	526	1 310	461	433	371	347	309
发明专利授权数	51	159	76	73	76	26	58
工业产出波动	0.093	0.168	0.235	0.113	0.063	0.133	0.316
职工收入差距	1.519	1.100	1.238	1.711	1.718	1.809	1.295
固定资产投资增速	0.105	0.115	0.100	0.082	0.121	0.099	0.120
污水处理率	0.721	0.911	0.601	0.965	0.864	0.955	0.279
单位工业增加值能耗	1.579	0.769	3.095	1.654	0.833	3.491	1.988
单位工业增加值水耗	189.00	101.00	76.67	49.16	45.66	743.10	88.91
外贸依存度	0.109	0.135	0.627	0.091	0.156	0.074	12.720
外资依存度	3.776	5.107	4.104	1.301	1.250	12.90	7.460
就业人员平均工资	48 476	64 931	69 267	64 722	61 170	60 212	60 515
社会保障参加率	0.150	0.200	0.293	0.235	0.293	0.244	0.303

数据来源：根据附表22A和附表22B计算得到。

附表17A 2018年广西各市指标数据（1）

指标	南宁市	柳州市	桂林市	梧州市	北海市	防城港市	钦州市
劳动生产率	380 179	616 186	347 697	260 292	792 283	987 030	544 055
地均增加值	40.58	26.90	22.89	34.89	66.93	32.04	17.98
工业增加值增长率	-0.344	0.081	-0.305	-0.511	-0.147	-0.216	-0.200
工业企业利润率	0.047	0.067	0.053	0.133	0.087	0.047	0.046
资产负债率	0.638	0.658	0.578	0.519	0.621	0.713	0.550
研发投入强度	22 822	16 171	12 838	2 073	9 599	25 208	8 066
有效发明专利数	6 986	3 626	4 195	751	918	352	568
发明专利授权数	1 513	700	854	155	212	23	96
工业产出波动	0.178	0.039	0.148	0.237	0.168	0.131	0.200
职工收入差距	1.798	0.948	1.508	1.633	1.915	2.575	1.970
固定资产投资增速	0.118	0.154	0.146	0.098	0.080	-0.009	0.117
污水处理率	0.845	0.715	0.992	0.617	0.987	0.346	0.800
单位工业增加值能耗	0.563	0.764	0.622	0.337	0.739	2.279	1.479
单位工业增加值水耗	119.10	31.63	84.70	68.98	38.50	58.70	48.22
外贸依存度	0.947	0.119	0.172	0.142	0.614	2.491	0.583
外资依存度	3.495	26.340	2.502	1.172	4.191	2.226	47.940
就业人员平均工资	73 604	80 344	58 817	48 683	46 953	83 460	58 711
社会保障参加率	0.329	0.422	0.381	0.274	0.304	0.305	0.213

数据来源：根据附表23A和附表23B计算得到。

附表17B 2018年广西各市指标数据（2）

指标	贵港市	玉林市	百色市	贺州市	河池市	来宾市	崇左市
劳动生产率	251 754	276 584	613 173	414 862	392 940	425 558	750 234
地均增加值	22.19	97.63	63.09	20.04	25.51	26.03	152.30
工业增加值增长率	0.047	-0.343	-0.336	-0.008	0.070	-0.100	0.138
工业企业利润率	0.114	0.076	0.033	0.029	0.067	0.009	0.199
资产负债率	0.529	0.603	0.669	0.652	0.735	0.827	0.551
研发投入强度	432	5 866	3 810	2 769	7 358	1 122	2 688
有效发明专利数	446	1 216	435	595	414	314	293
发明专利授权数	46	288	131	65	103	65	77
工业产出波动	0.051	0.167	0.229	0.082	0.062	0.088	0.104
职工收入差距	1.499	1.182	1.116	1.379	1.677	1.481	1.188
固定资产投资增速	0.198	0.147	-0.164	0.008	0.154	0.182	0.183
污水处理率	0.729	0.991	0.794	0.909	0.951	0.807	0.240
单位工业增加值能耗	1.320	0.615	2.475	1.647	0.836	2.227	0.944
单位工业增加值水耗	152.80	80.06	70.52	62.58	50.45	409.00	35.19
外贸依存度	0.070	0.094	0.476	0.076	0.155	0.051	3.876
外资依存度	3.421	3.175	0.124	0.810	0.015	0.022	3.221
就业人员平均工资	45 480	55 859	66 838	59 659	50 445	55 835	54 840
社会保障参加率	0.148	0.197	0.278	0.217	0.284	0.243	0.302

数据来源：根据附表23A和附表23B计算得到。

附表18A 2017年广西各市指标数据（1）

指标	南宁市	柳州市	桂林市	梧州市	北海市	防城港市	钦州市
劳动生产率	514 879	511 458	360 294	384 591	896 286	1 148 182	466 646
地均增加值	35.05	25.29	33.28	83.67	89.21	41.84	22.47
工业增加值增长率	0.119	0.091	-0.187	0.164	0.318	0.084	0.341
工业企业利润率	0.079	0.057	0.074	0.298	0.248	0.069	0.089
资产负债率	0.601	0.674	0.552	0.476	0.602	0.709	0.557
研发投入强度	20 651	17 748	9 800	1 066	5 965	23 862	2 187
有效发明专利数	5 836	3 235	3 936	609	678	338	492
发明专利授权数	1 657	903	785	154	189	22	111
工业产出波动	0.035	0.044	0.109	0.112	0.113	0.091	0.136
职工收入差距	1.700	0.843	1.427	1.460	1.937	2.369	1.498
固定资产投资增速	0.126	0.153	0.048	0.138	0.088	0.121	0.145
污水处理率	0.969	0.951	0.929	0.955	0.986	0.910	0.960
单位工业增加值能耗	0.394	0.812	0.441	0.233	0.557	1.691	0.988
单位工业增加值水耗	73.03	39.51	61.54	37.69	32.91	45.77	38.70
外贸依存度	0.510	0.128	0.115	0.083	0.377	2.080	0.699
外资依存度	23.250	24.640	2.043	0.811	6.867	77.070	17.700
就业人员平均工资	65 222	76 088	51 045	45 060	41 988	69 421	63 843
社会保障参加率	0.304	0.423	0.369	0.274	0.270	0.294	0.202

数据来源：根据附表24A和附表24B计算得到。

附表18B 2017年广西各市指标数据（2）

指标	贵港市	玉林市	百色市	贺州市	河池市	来宾市	崇左市
劳动生产率	222 683	302 884	831 409	393 312	369 347	463 420	711 745
地均增加值	21.87	148.60	95.98	19.41	27.19	27.30	137.70
工业增加值增长率	0.185	0.084	0.356	-0.087	0.146	0.143	0.301
工业企业利润率	0.084	0.102	0.040	0.051	0.080	-0.001	0.210
资产负债率	0.520	0.560	0.693	0.624	0.725	0.824	0.561
研发投入强度	664	876	2 785	1 459	4 803	1 449	3 421
有效发明专利数	317	1 010	319	611	340	283	274
发明专利授权数	58	282	87	43	81	67	113
工业产出波动	0.045	0.027	0.119	0.086	0.062	0.089	0.105
职工收入差距	2.042	1.252	1.050	1.530	1.620	1.487	1.234
固定资产投资增速	0.169	0.151	0.155	0.109	0.122	0.165	0.167
污水处理率	0.762	0.991	0.694	0.903	0.953	0.881	0.940
单位工业增加值能耗	1.375	0.452	1.452	1.181	0.826	1.516	1.061
单位工业增加值水耗	103.50	52.95	45.43	58.67	51.94	370.00	40.74
外贸依存度	0.063	0.060	0.273	0.037	0.116	0.042	4.002
外资依存度	3.146	1.871	5.383	1.216	0.014	1.728	0.408
就业人员平均工资	43 325	49 242	61 405	53 077	46 217	52 644	47 135
社会保障参加率	0.145	0.194	0.272	0.206	0.278	0.236	0.300

数据来源：根据附表24A和附表24B计算得到。

附表 19A 2022 年广西各市指标原始数据（1）

指标	南宁市	柳州市	桂林市	梧州市	北海市	防城港市	钦州市
工业增加值/亿元	640.8	1 067.2	314.1	492.8	689.9	464.4	519.7
工业用地面积/km²	18.32	57.91	13.16	11.47	5.00	9.05	21.68
工业企业资产总额/亿元	4 258.5	4 454.2	1 632.1	1 179.8	1 576.2	2 638.5	1 791.0
工业企业负债总额/亿元	2 970.4	3 329.5	1 058.6	746.4	1 015.4	1 720.0	1 131.8
工业企业利润总额/亿元	94.04	13.12	60.90	101.41	83.21	17.61	46.44
工业企业用工人数/万人	19.52	23.36	10.44	11.00	8.14	4.05	7.25
研发支出/亿元	65.08	57.08	19.67	6.76	7.82	15.62	7.14
有效发明专利数/件	11 822	4 793	6 390	790	1 361	684	874
发明专利授权数/件	2 214	821	1 396	89	132	48	156
制造业人均工资/(元/年)	75 404	95 600	67 396	62 629	73 095	91 653	74 319
电力、热力、燃气及水生产和供应业人均工资/(元/年)	142 002	99 587	95 205	95 961	84 454	203 371	117 749
固定资产投资增速/%	-17.8	-7.0	0.8	6.4	-4.6	3.8	22.9
污水排放量/万吨	64 420.3	25 162.2	12 218.0	7 426.0	8 645.0	4 588.8	6 799.8
污水处理量/万吨	63 170.3	24 951.8	12 209.3	7 360.8	8 628.0	4 551.4	6 738.0
工业能源消费量/万吨标准煤	476.5	957.4	244.5	225.4	488.8	1 585.6	897.4
工业用水量/亿立方米	5.85	1.31	0.90	0.54	0.84	1.27	1.17
进出口总额/亿元	1 510.1	299.2	95.7	126.8	344.1	784.6	642.2
实际利用外资额/万美元	87 253	8 376	1 436	4 476	650	3 345	1 754
城镇基本养老保险人数/万人	225.19	128.30	115.17	51.25	40.73	21.13	37.41

数据来源：《2023 年广西统计年鉴》，部分指标数据来源于广西知识产权局网站和广西统计局网站。

附表19B 2022年广西各市指标原始数据(2)

指标	贵港市	玉林市	百色市	贺州市	河池市	来宾市	崇左市
工业增加值/亿元	437.7	399.9	662.6	282.8	265.0	212.9	325.8
工业用地面积/km²	14.73	5.22	9.49	8.19	7.28	8.76	6.30
工业企业资产总额/亿元	1 442.2	1 351.0	2 455.1	881.7	1 003.3	918.4	1 068.9
工业企业负债总额/亿元	855.7	833.3	1 720.4	616.7	701.9	656.3	670.6
工业企业利润总额/亿元	63.27	42.33	147.55	42.81	85.43	19.51	101.18
工业企业用工人数/万人	10.52	13.31	7.45	4.21	4.70	5.83	7.68
研发支出/亿元	4.78	9.52	7.68	2.75	4.13	3.45	6.46
有效发明专利数/件	733	1 598	722	655	542	514	516
发明专利授权数/件	82	201	79	66	44	61	82
制造业人均工资/(元/年)	57 520	72 948	85 745	70 522	65 074	61 200	70 383
电力、热力、燃气及水生产和供应业人均工资/(元/年)	103 621	88 142	100 051	105 091	99 091	111 544	86 771
固定资产投资增速/%	6.3	6.1	6.7	10.3	16.0	10.5	15.7
污水排放量/万吨	5 937.8	7 990.7	4 225.8	2 916.8	3 570.0	3 461.6	2 130.1
污水处理量/万吨	5 881.3	7 931.6	4 151.2	2 904.8	3 518.0	3 459.8	2 075.0
工业能源消费量/万吨标准煤	474.5	354.5	1 382.1	309.3	182.2	417.7	337.2
工业用水量/亿立方米	5.58	1.16	1.43	0.69	0.35	9.81	0.71
进出口总额/亿元	50.6	43.4	385.8	26.0	58.8	16.5	
实际利用外资额/万美元	3 553	11 220	1 274	779	2 218	963	9 857
城镇基本养老保险人数/万人	44.64	71.41	48.04	28.64	45.33	28.52	30.74

数据来源:《2023年广西统计年鉴》,部分指标数据来源于广西知识产权局网站和广西统计局网站。

附表 20A　2021 年广西各市指标原始数据（1）

指标	南宁市	柳州市	桂林市	梧州市	北海市	防城港市	钦州市
工业增加值/亿元	644.8	1 053.5	293.5	500.0	565.8	335.6	393.1
工业用地面积/km^2	19.23	57.69	15.89	10.60	7.95	9.05	21.68
工业企业资产总额/亿元	3 790.9	3 826.0	1 420.4	1 095.2	1 371.6	2 517.4	1 361.5
工业企业负债总额/亿元	2 570.3	2 414.8	899.8	606.4	836.8	1 622.9	784.8
工业企业利润总额/亿元	125.98	163.46	72.11	135.83	105.00	133.68	83.99
工业企业用工人数/万人	19.04	20.85	9.80	9.69	6.02	3.85	6.39
研发支出/亿元	57.31	56.50	16.00	4.80	2.50	19.20	3.90
有效发明专利数/件	10 284	4 249	5 383	988	1 273	664	796
发明专利授权数/件	1 994	538	1 034	86	157	44	132
制造业人均工资/(元/年)	73 848	101 746	67 177	60 161	70 587	87 450	75 359
电力、热力、燃气及水生产和供应业人均工资/(元/年)	129 349	92 858	94 012	87 454	86 390	170 580	112 212
固定资产投资增速/%	3.1	-8.5	-4.3	21.6	11.1	-13.2	27.1
污水排放量/万吨	60 776.4	26 698.0	11 919.0	7 415.1	6 941.3	4 320.0	6 593.7
污水处理量/万吨	60 546.3	26 433.7	11 856.4	7 328.0	6 922.9	4 276.5	6 571.9
工业能源消费量/万吨标准煤	483.0	1 123.5	273.7	205.0	449.6	1 511.8	763.0
工业用水量/亿立方米	6.88	1.73	1.00	0.60	0.56	1.37	1.15
进出口总额/亿元	1 231.9	354.1	91.6	80.7	300.2	885.6	256.0
实际利用外资额/万美元	57 809	8 553	7 095	6 267	17 886	7 396	27 652
城镇基本养老保险人数/万人	206.18	124.80	110.42	49.18	37.26	20.58	33.09

数据来源：《2022 年广西统计年鉴》，部分指标数据来源于广西知识产权局网站和广西统计局网站。

附表 20B 2021 年广西各市指标原始数据（2）

指标	贵港市	玉林市	百色市	贺州市	河池市	来宾市	崇左市
工业增加值/亿元	432.7	389.3	552.5	246.8	225.8	172.0	268.9
工业用地面积/km^2	15.53	6.16	8.79	9.66	5.67	8.38	3.11
工业企业资产总额/亿元	1 279.8	1 208.1	2 120.5	778.3	874.1	823.0	890.7
工业企业负债总额/亿元	729.1	745.2	1 465.5	541.8	606.6	594.0	563.5
工业企业利润总额/亿元	85.72	64.37	144.73	39.40	51.70	61.63	89.88
工业企业用工人数/万人	10.52	11.57	7.33	3.90	4.60	4.92	5.41
研发支出/亿元	4.80	14.60	5.40	1.50	4.50	2.40	6.10
有效发明专利数/件	705	1 469	675	617	554	490	497
发明专利授权数/件	89	114	82	87	48	55	113
制造业人均工资/(元/年)	54 650	75 259	79 381	63 496	63 909	62 275	67 593
电力、热力、燃气及水生产和供应业人均工资/(元/年)	99 568	84 102	96 814	109 827	92 261	119 835	83 367
固定资产投资增速/%	4.5	25.4	26.4	13.4	31.0	20.4	11.5
污水排放量/万吨	5 740.7	7 891.6	3 895.5	2 581.2	3 829.3	2 922.8	1 955.9
污水处理量/万吨	5 640.6	7 833.2	3 762.8	2 563.4	3 718.9	2 890.3	1 899.8
工业能源消费量/万吨标准煤	532.7	324.7	1 434.8	351.4	176.8	476.4	321.9
工业用水量/亿立方米	6.11	1.44	1.67	0.72	0.32	12.18	0.83
进出口总额/亿元	45.8	38.9	426.3	21.3	58.5	13.2	2 127.1
实际利用外资额/万美元	6 717	12 473	3 963	1 345	1 915	2 502	3 631
城镇基本养老保险人数/万人	41.96	68.64	46.12	27.47	44.20	27.52	29.09

数据来源：《2022 年广西统计年鉴》，部分指标数据来源于广西知识产权局网站和广西统计局网站。

附表21A 2020年广西各市指标原始数据（1）

指标	南宁市	柳州市	桂林市	梧州市	北海市	防城港市	钦州市
工业增加值/亿元	583.8	1 284.7	290.6	308.0	424.3	284.9	272.9
工业用地面积/km²	19.23	56.90	15.79	10.19	8.32	9.05	21.68
工业企业资产总额/亿元	2 995.0	3 652.0	1 159.6	799.0	1 167.5	2 108.7	1 068.1
工业企业负债总额/亿元	1 991.2	2 346.1	686.0	452.2	710.0	1 420.9	610.7
工业企业利润总额/亿元	119.75	148.57	9.26	107.40	53.54	61.15	69.33
工业企业用工人数/万人	17.73	20.27	9.39	9.30	6.30	3.66	6.04
研发支出/亿元	50.11	56.80	14.40	3.70	2.40	19.20	1.90
有效发明专利数/件	8 739	4 023	4 592	883	1 095	633	701
发明专利授权数/件	1 420	420	719	79	113	95	67
制造业人均工资/(元/年)	69 880	97 042	62 207	55 199	53 434	112 031	62 603
电力、热力、燃气及水生产和供应业人均工资/(元/年)	115 682	91 457	92 960	76 426	101 991	173 829	112 350
固定资产投资增速/%	-2.5	-1.0	4.0	13.2	16.9	8.8	11.8
污水排放量/万吨	52 803.5	26 120.9	11 395.0	6 967.7	6 682.0	4 224.0	6 602.7
污水处理量/万吨	52 803.5	25 859.7	11 229.9	6 751.6	6 674.0	4 180.1	6 497.1
工业能源消费量/万吨标准煤	451.1	1 076.3	259.2	169.1	393.6	1 155.5	548.9
工业用水量/亿立方米	6.02	1.96	1.19	0.69	0.67	1.28	1.05
进出口总额/亿元	985.9	231.8	72.0	64.5	268.7	708.3	217.7
实际利用外资额/万美元	44 023	7 137	5 605	3 473	12 392	5 763	27 041
城镇基本养老保险人数/万人	187.96	117.12	104.39	46.81	34.03	18.73	30.66

数据来源：《2021年广西统计年鉴》，部分指标数据来源于广西知识产权局网站和广西统计局网站。

附表 21B 2020 年广西各市指标原始数据（2）

指标	贵港市	玉林市	百色市	贺州市	河池市	来宾市	崇左市
工业增加值/亿元	383.7	283.9	433.5	170.6	207.7	127.2	165.5
工业用地面积/km²	15.53	5.50	8.65	8.49	5.67	7.62	3.00
工业企业资产总额/亿元	1 123.2	1 085.5	1 893.8	624.5	905.5	668.3	804.1
工业企业负债总额/亿元	612.4	659.5	1 339.7	419.4	649.5	521.0	520.7
工业企业利润总额/亿元	76.62	67.17	58.85	25.17	43.87	60.80	57.09
工业企业用工人数/万人	9.82	10.80	6.54	4.01	4.71	4.46	4.61
研发支出/亿元	2.80	8.80	4.20	1.20	3.30	0.70	2.00
有效发明专利数/件	661	1 403	606	534	523	433	415
发明专利授权数/件	77	119	89	93	59	63	105
制造业人均工资/(元/年)	54 377	71 886	78 814	58 862	55 549	55 723	62 367
电力、热力、燃气及水生产和供应业人均工资/(元/年)	97 834	74 341	90 355	99 901	86 032	108 722	84 768
固定资产投资增速/%	3.7	2.2	8.9	8.1	13.8	16.5	10.0
污水排放量/万吨	5 658.2	7 854.5	3 316.0	2 568.3	3 546.3	2 754.0	1 845.2
污水处理量/万吨	5 563.6	7 794.8	3 121.9	2 549.0	3 442.6	2 714.1	1 758.6
工业能源消费量/万吨标准煤	568.2	226.1	1 338.1	277.5	168.9	455.1	292.1
工业用水量/亿立方米	5.08	1.63	1.80	0.57	0.48	11.34	0.98
进出口总额/亿元	36.1	31.5	333.0	17.5	45.3	11.1	1 844.4
实际利用外资额/万美元	5 405	11 324	2 413	1 088	1 269	1 750	3 061
城镇基本养老保险人数/万人	38.24	62.30	42.99	24.87	42.05	26.22	27.23

数据来源：《2022 年广西统计年鉴》，部分指标数据来源于广西知识产权局网站和广西统计局网站。

附表 22A 2019 年广西各市指标原始数据(1)

指标	南宁市	柳州市	桂林市	梧州市	北海市	防城港市	钦州市
工业增加值/亿元	583.5	1 338.7	285.3	280.6	499.6	273.1	319.9
工业用地面积/km²	19.23	57.90	14.99	9.82	8.32	9.04	21.68
工业企业资产总额/亿元	2 741.7	3 222.3	1 159.6	743.6	1 100.4	1 792.0	994.0
工业企业负债总额/亿元	1 803.0	2 207.4	686.0	408.7	664.3	1 195.4	524.6
工业企业利润总额/亿元	114.84	118.56	56.96	95.28	132.99	49.34	37.07
工业企业用工人数/万人	17.94	21.56	9.37	8.43	6.20	3.45	5.73
研发支出/亿元	52.55	56.33	12.33	5.40	0.19	7.22	4.39
有效发明专利数/件	7 813	3 857	4 314	769	934	440	595
发明专利授权数/件	1 439	542	585	94	94	69	71
制造业人均工资/(元/年)	64 721	87 770	58 024	51 320	49 412	64 361	60 452
电力、热力、燃气及水生产和供应业人均工资/(元/年)	117 668	86 798	94 920	68 922	95 993	158 591	110 216
固定资产投资增速/%	9.9	9.6	9.3	11.0	9.0	8.0	12.0
污水排放量/万吨	42 446.5	24 510.6	11 453.3	6 302.0	7 079.0	4 165.1	5 936.1
污水处理量/万吨	41 755.0	20 321.5	11 311.9	5 086.6	6 994.0	1 917.6	5 263.0
工业能源消费量/万吨标准煤	456.8	1 057.6	258.4	133.2	398.0	803.6	601.5
工业用水量/亿立方米	9.02	4.00	3.39	2.26	1.79	1.56	1.89
进出口总额/亿元	747.8	219.1	70.6	65.9	294.1	804.9	204.2
实际利用外资额/万美元	31 018	9 937	6 272	3 404	11 366	3 971	13 205
城镇基本养老保险人数/万人	158.40	113.38	100.39	45.34	31.96	18.00	29.54

数据来源:《2020 年广西统计年鉴》,部分指标数据来源于广西知识产权局网站和广西统计局网站。

附表 22B 2019 年广西各市指标原始数据（2）

指标	贵港市	玉林市	百色市	贺州市	河池市	来宾市	崇左市
工业增加值/亿元	358.3	297.3	417.4	157.7	194.8	122.9	148.8
工业用地面积/km²	15.53	4.40	7.39	8.40	6.00	7.07	2.60
工业企业资产总额/亿元	760.5	918.7	1 793.0	550.1	817.8	602.7	700.1
工业企业负债总额/亿元	412.9	536.3	1 301.8	345.0	583.2	497.1	435.5
工业企业利润总额/亿元	73.30	64.87	55.33	20.57	38.77	5.58	42.46
工业企业用工人数/万人	9.84	11.42	6.86	3.10	4.47	3.69	5.45
研发支出/亿元	3.12	1.92	4.13	1.21	2.79	0.63	4.02
有效发明专利数/件	526	1 310	461	433	371	347	309
发明专利授权数/件	51	159	76	73	76	26	58
制造业人均工资/(元/年)	47 307	64 213	65 118	54 527	51 309	53 995	54 818
电力、热力、燃气及水生产和供应业人均工资/(元/年)	71 870	70 647	80 642	93 288	88 124	97 701	71 005
固定资产投资增速/%	10.5	11.5	10.0	8.2	12.1	9.9	12.0
污水排放量/万吨	5 767.5	7 532.1	3 143.5	2 231.3	3 566.0	2 730.3	1 778.3
污水处理量/万吨	4 156.1	6 859.8	1 890.6	2 153.3	3 082.8	2 608.2	496.8
工业能源消费量/万吨标准煤	565.7	228.7	1 291.8	260.7	162.2	429.0	295.8
工业用水量/亿立方米	6.77	3.00	3.20	0.78	0.89	9.13	1.32
进出口总额/亿元	38.9	40.2	261.8	14.4	30.3	9.1	1 893.4
实际利用外资额/万美元	4 748	8 579	5 162	911	1 098	8 436	5 673
城镇基本养老保险人数/万人	33.91	58.86	40.53	22.98	40.40	25.01	25.56

数据来源：《2020 年广西统计年鉴》，部分指标数据来源于广西知识产权局网站和广西统计局网站。

附表23A 2018年广西各市指标原始数据(1)

指标	南宁市	柳州市	桂林市	梧州市	北海市	防城港市	钦州市
工业增加值/亿元	780.3	1 454.2	423.8	356.6	522.0	289.6	389.9
工业用地面积/km²	19.23	54.05	18.52	10.22	7.80	9.04	21.68
工业企业资产总额/亿元	2 669.6	3 417.1	1 118.1	767.5	1 090.6	1 432.8	966.0
工业企业负债总额/亿元	1 704.4	2 248.5	646.5	398.2	677.4	1 021.2	531.1
工业企业利润总额/亿元	125.40	230.30	58.88	101.93	95.09	66.80	44.82
工业企业用工人数/万人	20.53	23.60	12.19	13.70	6.59	2.93	7.17
研发支出/亿元	46.84	38.16	15.65	2.84	6.32	7.40	5.78
有效发明专利数/件	6 986	3 626	4 195	751	918	352	568
发明专利授权数/件	1 513	700	854	155	212	23	96
制造业人均工资/(元/年)	58 684	80 472	54 829	45 214	44 611	58 516	52 953
电力、热力、燃气及水生产和供应业人均工资/(元/年)	105 516	76 261	82 689	73 841	85 422	150 682	104 296
固定资产投资增速/%	11.8	15.4	14.6	9.8	8.0	-0.9	11.7
污水排放量/万吨	41 959.2	25 782.3	10 760.4	6 015.1	6 833.0	4 277.6	4 718.9
污水处理量/万吨	35 435.0	18 426.3	10 675.4	3 710.5	6 745.0	1 478.4	3 773.6
工业能源消费量/万吨标准煤	439.0	1 111.1	263.5	120.3	385.6	660.1	576.7
工业用水量/亿立方米	9.29	4.60	3.59	2.46	2.01	1.70	1.88
进出口总额/亿元	738.8	173.1	72.8	50.8	320.8	721.5	227.3
实际利用外资额/万美元	14 074	80 442	5 014	1 207	5 085	1 551	61 935
城镇基本养老保险人数/万人	149.10	110.53	96.81	44.07	29.88	17.00	28.11

数据来源:《2019年广西统计年鉴》,部分指标数据来源于广西知识产权局网站和广西统计局网站。

附表 23B 2018 年广西各市指标原始数据(2)

指标	贵港市	玉林市	百色市	贺州市	河池市	来宾市	崇左市
工业增加值/亿元	396.5	371.0	458.0	131.0	180.4	165.5	380.7
工业用地面积/km²	17.87	3.80	7.26	6.54	7.07	6.36	2.50
工业企业资产总额/亿元	719.7	865.9	1 510.9	516.1	755.3	614.4	621.8
工业企业负债总额/亿元	380.7	522.0	1 011.0	336.2	555.4	507.9	342.6
工业企业利润总额/亿元	81.70	66.11	50.29	14.99	50.86	5.28	123.70
工业企业用工人数/万人	15.75	13.41	7.47	3.16	4.59	3.89	5.08
研发支出/亿元	0.68	7.87	2.85	0.87	3.38	0.44	1.36
有效发明专利数/件	446	1 216	435	595	414	314	293
发明专利授权数/件	46	288	131	65	103	65	77
制造业人均工资/(元/年)	44 690	54 802	64 689	53 240	42 047	51 998	50 168
电力、热力、燃气及水生产和供应业人均工资/(元/年)	67 005	64 767	72 220	73 423	70 515	76 986	59 616
固定资产投资增速/%	19.8	14.7	-16.4	0.8	15.4	18.2	18.3
污水排放量/万吨	5 627.6	6 912.9	2 719.3	1 807.1	2 420.4	3 722.0	1 693.0
污水处理量/万吨	4 104.6	6 854.1	2 159.0	1 642.7	2 302.3	3 002.3	407.2
工业能源消费量/万吨标准煤	523.3	228.0	1 133.6	215.9	150.9	368.7	359.4
工业用水量/亿立方米	6.06	2.97	3.23	0.82	0.91	6.77	1.34
进出口总额/亿元	27.6	35.0	218.0	9.9	28.0	8.4	1 475.7
实际利用外资额/万美元	4 002	5 129	146	488	12	15	3 274
城镇基本养老保险人数/万人	32.63	56.87	37.83	20.73	38.40	24.17	24.84

数据来源:《2019 年广西统计年鉴》,部分指标数据来源于广西知识产权局网站和广西统计局网站。

附表24A 2017年广西各市指标原始数据(1)

指标	南宁市	柳州市	桂林市	梧州市	北海市	防城港市	钦州市
工业增加值/亿元	1 189.9	1 345.1	609.7	729.6	612.0	369.5	487.2
工业用地面积/km²	33.95	53.19	18.32	8.72	6.86	8.83	21.68
工业企业资产总额/亿元	2 628.9	3 279.1	1 302.6	961.6	1 021.4	1 356.3	1 019.3
工业企业负债总额/亿元	1 578.7	2 208.7	718.8	457.3	614.7	961.6	567.3
工业企业利润总额/亿元	208.59	186.25	96.17	286.76	253.34	94.21	91.16
工业企业用工人数/万人	23.11	26.30	16.92	18.97	6.83	3.22	10.44
研发支出/亿元	47.72	46.68	16.58	2.02	4.07	7.68	2.28
有效发明专利数/件	5 836	3 235	3 936	609	678	338	492
发明专利授权数/件	1 657	903	785	154	189	22	111
制造业人均工资/(元/年)	53 903	76 575	48 714	43 706	40 343	50 307	60 302
电力、热力、燃气及水生产和供应业人均工资/(元/年)	91 640	64 534	69 534	63 822	78 144	119 182	90 332
固定资产投资增速/%	12.6	15.3	4.8	13.8	8.8	12.1	14.5
污水排放量/万吨	39 573.0	35 196.0	11 220.0	5 656.0	6 403.0	4 173.0	4 257.0
污水处理量/万吨	38 339.0	33 474.0	10 427.0	5 404.0	6 311.0	3 797.0	4 087.0
工业能源消费量/万吨标准煤	469.2	1 091.7	269.0	170.2	341.2	624.8	481.4
工业用水量/亿立方米	8.69	5.31	3.75	2.75	2.01	1.69	1.89
进出口总额/亿元	607.1	172.2	70.0	60.2	230.8	768.5	340.5
实际利用外资额/万美元	95 753	67 893	4 179	1 085	8 445	57 159	23 187
城镇基本养老保险人数/万人	133.32	108.29	91.25	42.98	25.95	15.88	25.83

数据来源:《2018年广西统计年鉴》,部分指标数据来源于广西知识产权局网站和广西统计局网站。

附表 24B 2017 年广西各市指标原始数据（2）

指标	贵港市	玉林市	百色市	贺州市	河池市	来宾市	崇左市
工业增加值/亿元	378.5	564.9	690.1	132.2	168.6	184.0	334.5
工业用地面积/km^2	17.31	2.21	7.19	6.81	6.20	6.74	2.43
工业企业资产总额/亿元	908.4	885.0	1 545.1	500.7	780.4	593.3	591.3
工业企业负债总额/亿元	472.5	496.0	1 071.2	312.2	565.8	489.1	331.7
工业企业利润总额/亿元	76.64	90.42	62.01	25.36	62.04	−0.44	124.34
工业企业用工人数/万人	17.00	18.65	8.30	3.36	4.56	3.97	4.70
研发支出/亿元	1.13	1.63	2.31	0.49	2.19	0.58	1.61
有效发明专利数/件	317	1 010	319	611	340	283	274
发明专利授权数/件	58	282	87	43	81	67	113
制造业人均工资/(元/年)	36 513	48 088	58 563	46 571	38 634	49 445	43 900
电力、热力、燃气及水生产和供应业人均工资/(元/年)	74 550	60 222	61 483	71 234	62 585	73 534	54 185
固定资产投资增速/%	16.9	15.1	15.5	10.9	12.2	16.5	16.7
污水排放量/万吨	5 414.0	5 278.0	2 641.0	1 850.0	3 689.0	1 652.0	1 327.0
污水处理量/万吨	4 128.0	5 233.0	1 832.0	1 670.0	3 515.0	1 455.0	1 248.0
工业能源消费量/万吨标准煤	520.7	255.5	1 001.8	156.1	139.2	278.8	354.9
工业用水量/亿立方米	3.92	2.99	3.14	0.78	0.88	6.81	1.36
进出口总额/亿元	23.9	33.7	188.4	4.8	19.5	7.7	1 338.8
实际利用外资额/万美元	3 405	3 179	7 331	667	10	1 147	370
城镇基本养老保险人数/万人	31.14	54.41	36.06	19.14	36.25	22.87	24.00

数据来源：《2018 年广西统计年鉴》，部分指标数据来源于广西知识产权局网站和广西统计局网站。